U0820969

你就是“不好意思”：做一个强势的人

李婉卿◎著

中国一级出版社 中国纺织出版社 全国百佳图书出版单位

内 容 提 要

你，不需要让每个人都满意，不需要让每个人都喜欢。勇于摒弃“不好意思”心理，学会做一个强势的人。

本书从“不好意思”心理产生的原因、如何变得强势两方面论述，从心理学、社交学等方面剖析“不好意思”这种心理障碍，引导人们突破心理怪圈，成就自我，拥抱幸福人生！

图书在版编目（CIP）数据

你就是“不好意思”：做一个强势的人／李婉卿著.--北京：中国纺织出版社，2018.8 （2018.9重印）
ISBN 978-7-5180-5072-7

Ⅰ.①你… Ⅱ.①李… Ⅲ.①人际关系—通俗读物 Ⅳ.①C912.11-49

中国版本图书馆CIP数据核字（2018）第112090号

责任编辑：闫 星　　特约编辑：王佳新　　责任印制：储志伟

中国纺织出版社出版发行
地址：北京市朝阳区百子湾东里A407号楼　邮政编码：100124
销售电话：010-67004422　传真：010-87155801
http：//www.c-textilep.com
E-mail：faxing@c-textilep.com
中国纺织出版社天猫旗舰店
官方微博http：//weibo.com/2119887771
北京通天印刷有限责任公司印刷　各地新华书店经销
2018年8月第1版　2018年9月第2次印刷
开本：710×1000　1/16　印张：13
字数：127千字　定价：36.80元

凡购本书，如有缺页、倒页、脱页，由本社图书营销中心调换

前言

你越来越普通，就是因为不好意思。不好意思求助别人，不好意思“不耻下问”，潜意识里会觉得开口求人是羞耻的，总想要跟人保持一定的距离感，不愿意大面积暴露自己的缺点和无知，一切都源于脆弱的虚荣心。内心的不安全感，害怕别人看不起自己，担心被拒绝，面子和自尊心被无限放大，即便内心很无助，却羞于开口求助，所以你变得越来越普通。

你越来越委屈，就是因为不好意思。对来自别人的请求总是有求必应，不好意思拒绝。个人的自我价值似乎来源于他人的评价，如果自己拒绝了，对方是否有不好的评价，他们会在私下议论自己的自私行为吗？不允许自己犯一点点错，自以为是人群中的焦点，每天活得很累，甚至不好意思承认自己的不足之处，结果却让自己更怯懦。

你越来越累，缘由就是不好意思。太好自尊，缺乏对自我价值的认同感，勉强凑合当下的生活，逃避又退缩，形成恶性循环；太好面子，过分在乎别人的想法，所以总是想面面俱到，然而自己并不能做得那么好，所以活得特别累；太客气，别人的一份好意，恨不得马上双倍奉还，总是对人太好，完全把自己的需求抛弃脑后；太老好人，被欺负了一声不吭，被同事抢功了也无奈地笑笑，老板找理由克扣工资也只能默不作声，你自以为做得非常大度，实际已经被欺负到头上了。

这一切的一切都源于“不好意思”的心理怪圈。不好意思心理的形成，源于多方面的原因。亚洲人独特的含蓄文化，导致了人们在表露个人观点及内心时总显得不那么大方，或羞于表露，或委婉不露，传统的文化认知导致了一些人不好意思的“谦谦君子”作风；个体自身的心理特征，诸如害羞、嫉妒、自卑、多疑等负面情绪，往往导致一个人陷入不好意思的心理怪圈；通常性格内向的人，多倾向于“不好意思”，因为不善表达，所以总是沉默、害羞，结果吃了不少亏。

不好意思就是变相地自我折磨：不好意思求人，结果仅凭一人之力很快就遭遇失败；不好意思向心仪的人告白，结果错过良缘；不好意思拒绝别人，结果自己活得很累；不好意思维权，结果自己却吃了哑巴亏……不好意思的心理，就是自我折磨的过程，因为不好意思，人生路上多了坎坷和绊脚石；因为不好意思，人生再也没了敢想敢做的勇气。

编著者

2017年9月

目录

第1章

你不好意思，就是太要自尊

那些总是不好意思的人，无一不呈现出低自尊，自我认同感低，内心缺乏安全感。所以，他们在接人待物时总会先满足对方的需求，而忽略自己的需求，不好意思开口求人，活得小心翼翼，最终搞得自己身心疲惫。

我不配拥有美好的东西

生活中，总有一些人活得不好意思，他们深以为“自己并不配拥有美好的东西”，无限地放低自尊，活得小心翼翼。当身边的人生气时，他们总会控制不住地想要道歉，哪怕他们本身并没有做错什么，甚至引起对方生气的也不是他；总是不断满足别人的需求，却往往忽视自己的需求；听到来自他人的夸赞，总觉得这不符合实情，会感到浑身不自在，甚至会反驳“我根本没有你说的那么好”；对低自尊的人而言，感到困难的是在语言沟通中与对方产生冲突时，一旦对方气势越来越高，便会不由自主地想要妥协、退让的情况。

什么是自尊？也就是一个人看待自己的方式，对自己的想法，以及赋予自己的价值。自尊往往是一个人关于自己的核心信念，而低自尊则意味着一个人对自己的品质和价值有负面的核心信念，比如可能感觉自己是软弱的、觉得不够好、配不上美好的事物和人等。

在生活中，事实上每个人的自尊水平有所区别，有些人自尊水平较高，他们只是间歇性地、遭遇某些挫折时才会产生自我怀疑，但这并不影响他平时的正常生活。然而，还有一些人有着严重的低自尊，他们会接连不断地产生自我否定的想法，即便遇到一点点挫折，就会产生强烈的自责。在他们看来，自己并不具备应对挑战困难的能力，也不相信自己的社交能力，甚至看不见自己的优点。一旦遇到困难，他们就认为能力有限，不容易在没有帮助的情况下改变现状，从而丧失坚持下去的信心。

露露在一家文化传媒公司任职设计师，她平时是较强的完美主义者，总力求每件事都要做到最好。但由于她初出茅庐，设计功力不足，所以常常陷入自我怀疑的境地。

前不久，露露的老板给她布置了设计两本画册的任务，仅给了两周的时间。露露接到任务之后，感到自己可能没办法把任务做好，她开始焦虑：怎么办，我功力尚且不足，我真的可以完成吗？她开始不能控制地想象着后果：如果我不能按时完成两本画册的设计，老板就会发现我其实是个设计功力不足的人，他就会对我失望，觉得我实际上完全没办法胜任现在的工作。

露露越想越焦虑，开始出现身体反应，头隐隐作痛，感觉根本没办法思考如何做好画册设计。当然，尽管如此，还是需要尽力工作，所以她开始整夜整夜地加班，力求把设计做到最好。结果，大脑不集中，手忙脚乱，反而出现一系列不好的情况：图片丢失、电脑系统出故障。就是这一些不好的情况，让露露更加觉得：我或许就是这样，即便要努力地工作，但运气也不好，看来自己确实不够好。露露开始不断自责：你果然一无是处。眼看着距离交任务的期限越来越近，露露逐渐陷入崩溃的边缘，她甚至拟好了辞职报告，随时准备着被老板炒鱿鱼。

像露露一样的低自尊者，常常贬低自己，经常给予自己消极的暗示：我一件事情都做不好、我太笨、我根本没用，等等。由于对自我价值的低估计，导致他们在做事时缺乏责任感，很难将本来答应好的事情坚持到底。他们的内心是自卑的，总怀着失败主义的态度，即便身边的人希望给予帮助时，他们也会不理会，反而排斥对方，或攻击对方。不仅如此，他们抗拒变化，他们更喜欢一成不变的生活和工作，熟悉的环境和人际关系。

众所周知，自尊对一个人的期望、行动以及对自己和他人的评价有着重大的影响。而那些高自尊的人更愿意检验对自己推断的有效性，有着较高的自我认可度，通常会经营不错的人脉圈子。善于接受其他人，哪怕是与自己意见不一致的人，高自尊的人有信心把事情做好，不管任何事情都愿意努力尝试，所以很有可能在学业、事业上赢得成功。反之，低自尊的人做任何事情都是想到最糟糕的时候，不愿意付出很多努力，所以他们在学业、事业中成功的概率也少很多。即便如此，他们还喜欢通过批评来胜过他人，所以使自己变得孤立，同时他们又经常过分关注这些不被接受和拒绝的情况，这无非进一步削弱了自尊，形成恶性循环。

一个人活得不好意思，低自尊是如何形成的呢?

1.过多的负面经验

一个人在过去的生活中因为一些经历而产生自我否定。比如在童年时期，遭受父母的挑剔和指责，即便当时的自己并不知道发生了什么，但时间长了会形成一种自我否定：我会在不知不觉间让对方心情不愉快，哪怕我什么都没有做，他们依然不喜欢我。或者因家庭条件不好，长期在他心中留下一种“我低人一等”的感觉。即便是成年之后的工作受挫、恋爱受挫等，这些负面经历也会导致低自尊。

2.存在价值本身来源于他人

低自尊的人感到自己没办法满足别人的期待，那自身的存在就会令人失望。简而言之，他们自身存在的价值通常会建立在来自他人的评价及看法。他们会特别注意自己的缺点，忽略自己的优点。对任何事情都会有负面的看法，即便有人夸奖自己，他也会感到对方是为了取悦自己，而非真正地称赞自己。

3.自卑的恶性循环

因为自卑，便会觉得自己不够好，不配拥有美好的事物，在做事上也觉得很失败。怀着这样的念头，怎么可能做好事情呢？一旦事情真的失败之后，便会加深负面经验的阴影，从而变得更加自卑，低自尊也会更加严重。

小贴士

一个人之所以不好意思，就是由于隐藏的低自尊。他们不敢去追求那些真正的好东西，即便有机会拥有也会主动拒绝，理由是自己不值得．相反，那些稍微不好的反而让他们有安全感。不仅如此，在生活中总会觉得自己在不知不觉中给对方留下了不好的印象，让对方不高兴了。

自我认同感的缺失

一个人总是“不好意思”，那是因为他自我认同感的缺失。一个人的自我认同感是其自我认知程度的标准，衡量其情商高低。一个人只有建立了比较充分的自我认同感，才能有效建立自信心和自尊。当然，自信心和自尊是一个人获得成功和幸福的重要心理基础。

自我认同感在于关怀自己，关心他人。只有充分地认识自己，了解自己，才能真正地接纳自己，也才能真正地接纳他人。

一个人的自我认同感指的是将自身内在的感觉、自我意识以及外部评价等加以综合，从而对“我是谁”这个问题给予好的回答。当然，这是我们在与他人交往时，把信念和价值观融合到自己人格中去并对自我价值进行评价的过程。这种评价往往来自于在平时生活中对自身的看法。一个人可能在某些事情上感觉自己很没用或很智慧，在某些行为上觉得自己很差或很优秀，他可能很喜欢自己或很讨厌自己……诸如此类总出现在日常生活中的自我印象和经验，长时间累积就会成为人们对自己的评价，即自我认同感。

自我认同是一个人对“过去我”“现在我”“将来我”产生内在的连续性，也是一个人“现实自我”“真实自我”和“理想自我”之间一致性关系的体现。一个人通过形成自我认同知道自己是谁，在世界上占据什么位置，而且自我认同是自我意识的重要组成部分。

肖楠从小很内向，不喜欢与人交流，内心十分敏感，很在意别人的一言一行。有时候别人在他面前大声笑着走过，他也会以为这是在嘲笑自己。尽管他已经开始慢慢培养自信，比以前稍好一些，但依然显得自卑。

他非常在乎别人对自己的评价，比他年龄稍大一些的人来跟他讲话，他便感到脸红心跳，战战兢兢，经常想象着自己在人群面前出丑，不知道别人是如何看自己的，会不会觉得自己很笨，是不是心里觉得他很没用。

或许，生活中你跟肖楠一样，总觉得自己不够漂亮、幽默，但是这些并不意味着我们比别人差劲。在那些总不好意思的人眼里，似乎自己只有达到某个标准才有资格和权利去做一些事情。实际上，这是一种偏颇的看法，是我们对自己的偏见，也是对他人的偏见。

1.加强自我信念

一个人成长过程中会有一些负面经历，比如经常吵架的父母、曾经爱过一个渣男、工作遭遇“瓶颈”。如果当时没有很好地处理这种负面经历，便会通过潜意识里内化为自我认同的一部分，然后在心里暗暗生根发芽，导致一个人坠入自我怀疑的漩涡之中。在这时就需要真心接纳那些曾经发生在自己身上的不美好，通过大脑的重复性训练帮助你形成记忆，有效地帮助自己完成对曾经不美好的接纳，从而提升自我信念。

2.找到真正的自我

一个人之所以自我怀疑、自我认同感低，很大程度上在于错把外界的标准当作自我价值的衡量标准。所以要提高自我认同感，就是找到真正的自我。客观地剖析自己到底是什么样的人，然后接纳真实的自己。

3.不断充实自己

提升自我认同感并非一蹴而就的事情，毕竟从自我怀疑到自我认同，这本身就是一段反反复复的过程。面对这样的情况，需要拥有长时间的耐心去不断充实自己，重建强大的内心。当你习惯性自责、忍不住生气、不懂拒绝时，努力改掉这种长久以来的习惯，换另外一种方式来对待自己。肯定自己，找寻自己内心的真实需求，敢于对不合理的要求说"不"。

小贴士

自我认同，就是一个人对自己生命有一种自己的思想、感情、行为。茫茫世界，每一个生命都有一个生命点，每个人在这个社会都有一个位置，因为要自我认同，所以要寻找自己生命的支点与位置。

了解自己的优点和缺点

人应该对自己有一个客观的评价，了解自己的优点和缺点。但在现实生活中，许多人对自己都没有一个很好的认识。早在两千多年以前，古希腊人把"认识你自己"刻在了阿波罗神庙的门柱上，但是，直到今天，我们也只能遗憾地说，"认识自己"仍还有一段遥远的距离，究其原因，来源于我们并不了解最真实的自己。

肖曼·巴纳姆是一位著名的魔术师，他曾经这样评价自己的表演："我的节目之所以受欢迎，是因为节目里包含了每个人都喜欢的成分，所以，每一分钟都会有人上当受骗。"事实上，在现实生活中，我们既不能时刻来反省自己，看清自己，也不能把自己放在局外人的位置来观察自己。在大多数的时候，我们只能借助外界的一些信息来认识自己，所以，我们在认识自己时很容易受到外界信息的暗示，迷失在环境中，并习惯性地把他人的言行作为自己行动的参照。

我们之所以无法了解到真实的自我，大部分原因在于我们容易受外界信息的影响，诸如他人的言行等，那些来自外界信息的暗示下，我们就有可能出现了自我知觉的偏差，好似看着杰克浑身很脏，就以为自己身上也很脏。因此，要想真正地看清自己，我们需要避免陷入别人眼光的陷阱中，要让自己成为自己的镜子。

当一个人处于情绪低落、失意的时候，对生活失去了控制感，于是，他内心的安全感也受到了影响。这样一个缺乏安全感的人，其心理的依赖性将大大增强，比较容易受他人言行的信息暗示。所以，当对方说出无关痛痒的一段话时，我们很容易“对号入座”，其实，这就是一种心理倾向。在日常生活中，这应将影响到我们自己，难以做出真实的判断。

小贴士

我们应该学会面对自己，不要因为自己有“缺陷”或者自己认为那是缺陷，就通过自己的方法将缺陷掩盖起来，这样的掩盖方式极其愚蠢。试想，当你把自己的眼睛蒙上时，你就真的掩盖自己的缺陷了吗?因此，无论是自身的缺陷还是优点，我们都应该正确看待，因为面对自己是认识自己的必经之路。

拥有自我认知的能力

通常，高自尊人总是可以有效判断自己的一切。一个人名声的好坏、能力的高低，是别人从事物的外表下的定义，根本就不是这个人的本质，自己真正的能力，只有自己心里最清楚，而我们所缺乏的就是自我认知的能力。只有清楚地认识了自己，才有可能获得成功的人生。然而，一个人最难认识的就是自己的内心，最难以回答的就是：我是谁？我想要的生活是什么？不过，当你清楚地认识了自己，就能够在这个世界上找到最基本的出发点，就能够去善待他人。

朗费罗说：“别人借我们的过去所做的事来判断我们，然而，我们判断自己，却是凭将来能做些什么事。”心理学教授丹尼尔·吉尔伯特曾见过这样一个姑娘：衣衫不整、蒙头垢面，但长得很美。吉尔伯特教授跟她聊天，她也心不在焉，教授沉默了一会儿，突然问她：“孩子，你难道不知道你是个非常漂亮、非常好的姑娘吗？”“您说什么？”姑娘惊喜地问，美丽的大眼睛里泛着泪光。

原来，在日常生活中，她所面对的是同学的嘲笑、母亲的谩骂，以至于她失去了自我认知的能力。子曰：“不患人之不知己，而患人之不己知。”对于每一个人来说，最担心的事情就是不够了解自己，不能清楚地认识自己。因此，我们要善于剖析内心，让自己拥有自我认知的能力。

我们需要拥有全面认识自己的能力，全面认识既包括优点也包括缺点。一旦我们没有真正地认识自我，将导致内心自负或自卑等心理，最终这些负面的心理会影响到我们一生的发展。

认知自我是一种胜不骄败不馁的从容，需要冷静地思考，这样才有机会赢得最后的成功；认知自我是一种高度自立的洒脱的生活方式，看清生命的本真，创造出属于自己的人生价值；认知自我是一种高度责任心的反省，将勇气与真诚注入自己的言行中，认清前面的方向。所以，剖析内心，在忙碌之后不忘与自己作一次深入的交谈，从而拥有自我认知的能力。通过认知自己到孕育自己，这是一个美好的人生历程。

小贴士

自我认知是一种严谨的人生态度，自信而不自满，无论是春风得意还是失败困惑，高情商人依然保持最平常的心态。拿破仑一生战功赫赫，但在晚年却遭遇了“滑铁卢”的惨败，此时他依然贪恋富贵，企图复辟王朝，最终在绝望中死去。清楚地认知自己，需要我们摆脱一切外物的依赖，绝不做金钱或权力的奴隶。

走自己的路，让别人去说吧

很多时候，人总喜欢妄自菲薄，无法坚持自己。事实上，你不好意思，是因为你一直未能坚持自己的观点。每个人对一个事物都有一个主观的看法和评价，一味在意别人的看法，你将找不到属于自己的路。每个人都有自己的特点和优势，别人对你的简单评价，不足以反映你的真实情况。做人要有自己的主见，还要有充分的自信，相信自己的判断力，不要轻而易举地听从他人的意见，而改变自己的主张。每个人的使命终究还要靠自己来完成，你人生的目标，是独一无二的，专属于你自己的，它神秘而又绚烂，值得你用一生去追求。

从前，有一位中文系的学子酷爱文学，他苦心撰写了一篇小说，请一位著名作家指教。因为作家正患眼疾，学生便将作品读给作家听。读到最后一个字，学生停顿下来。作家问道："结束了吗？"听语气似乎意犹未尽，渴望下文。这一追问，煽起学生的激情，立刻灵感喷发，马上接续道："没有啊！下部分更精彩！"他以自己都难以置信的构思叙述下去。

到达一个段落，作家又似乎难以割舍地问："结束了吗？"

我的小说一定是精彩绝伦，叫人欲罢不能！他这样想着，心里更加兴奋，更加激昂，更富于创作激情。他不停地往下接续……最后，电话的铃声骤然响起，打断了学生的思路。

这时有客人到作家家里做客，他们的交谈被迫中断了。作家说："其实你的小说早该收笔，在我第一次询问你是否结束的时候，就应该结束。何必画蛇添足，狗尾续貂？该停则止，看来，你还没把握情节脉络，尤其是缺少决断。决断是当作家的根本，否则，拖泥带水，如何打动读者？"

学生追悔莫及，想想作家的意见，觉得自己的性格和情绪易受外界左右，不能沉下心来，把握作品的主旨，恐怕不是当作家的料。

没过多久，这个学子遇到另一位作家，羞愧地谈及往事，谁知这位作家惊呼：你的反应如此迅捷、思维如此敏锐、编造故事的能力如此强盛，这些正是成为作家的天赋啊！

不同的两位作家，从不同的方面给予了截然相反的两种评价。学生听后，不禁茫然。

美国职业足球教练文斯·伦巴迪当年曾被批评“对足球只懂皮毛，缺乏斗志”。贝多芬学拉小提琴时，技术并不高明，他宁可拉他自己作的曲子，也不肯作技巧上的改善，他的老师说他绝不是个当作曲家的料。但他们都勇于走自己的路，不被别人的意见和评论所左右，最后取得了举世瞩目的成绩。

要知道，在这个世界上，生活着60亿各自具有不同特质的人，在他们各自的生活轨迹中，至少也存有上亿种成功模式。当我们每一个人特定的优势与劣势、需要与理想是如此与众不同时，怎么可能存在有一种放之四海而皆准的成功模式呢？

1.找寻属于自己的人生

如同我们每一个人有不同的生活轨迹一样，每一个人对成功的定义也是截然不同的。成功的定义并不取决于你渴望的目标，而是取决于你达到目标后的满意程度。也就是说，每一个人都应该有自己的人生，有自己的成功之路，在这条成功之路上，都应该有属于自己的成功底牌，打拼出自己不一样的人生。

2.别迷失自我

人要从没路的地方走出一条路来，不要泯灭了自己的个性，一味地模仿别人。那样只会迷失自我，连自己的命运自己都把握不了。“走自己的路，让人们去说吧！”我们对但丁的这句名言并不陌生。可是，我们在生活中是否信奉它，实践它呢？

小贴士

人生只属于自己，一味遵循他人的思想，不敢面对真理是懦弱的表现，这样的人生是悲哀的。人应该成为主宰自己命运的人，走自己的路，走出自己的风格，走出自己的个性，我们的人生才会是独特的，才会是精彩的。

别活得谨小慎微

在生活中，我们一贯主张“谨慎做事”，这本来是一则很重要的做事准则。但是，凡事都有两面性，优点和缺点会互相转化。做事谨慎是好事，但是，如果一个人做事过于谨小慎微，就会使自己的胆子越来越小，眼睁睁地看着机会从眼皮底下大摇大摆地溜走。很多时候，需要大方，换句话说，就是做事时要有一股闯劲，不能畏首畏尾，这样只会误了大事。如果在做任何一件事情，你都前前后后计算好了才去做，那么，恐怕机会早就被别人抢了先了。

而且，做事太过于谨小慎微，往往会出差错，惹麻烦。一件事情，如果想好了就放手去做，凭着一股闯劲，那么，在做的过程中，你可能会顺顺利利。但是，如果你太留心这件事，即便你最初很执着，很用心，却因为你做事太谨慎、太计较，这样就很容易出错，惹来一些不必要的麻烦。

每个人都有自己的追求，或金钱，或名望，或权力，或爱情，或崇高的理想信念，等等。不同的是，有的人在追求的驱动下一往无前并成功了，而大多数人面临的，不是止步不前就是难堪的失败，这是为什么呢?

1.敢想敢做

当我们观察那些所谓的成功人士的时候，你会发现他们身上有一个共同点——敢想敢做。当我们有一个好的想法，或当我们面临一项艰巨的任务时，不要畏惧，而是要迅速行动起来。瞻前顾后，谨小慎微，只会给你带来恐惧，而一旦行动起来，就可以顺便做调整，最终铸成大事。

2.别太小心翼翼

做事太谨小慎微，往往会瞻前顾后，犹豫不前，结果，白白浪费了一个大好的机会。在生活中，许多做事太小心的人，他们一辈子都活在胆怯中，有了好的机会，瞻前顾后；有了好的事情，不敢上前，畏首畏尾。结果，一直到生命终结的那一天，他们还是很胆怯，在他们的一生中，可能没做成一件大事。而做大事者，应该是光着膀子甩手干，没有任何束缚，也没有任何禁锢，他们乐得轻松，不胆怯，不犹豫，大方为事。

小贴士

在生活中，许多人一遇到事情就如临大敌，左想右想，反反复复考虑某些问题。其实，当你在谨慎策划的时候，估计别人已经捷足先登了。因此，做事应大方，想好了就去做，战胜内心的胆怯，千万不要畏首畏尾，过分谨小慎微只会让你错失良机。

别成全他人而委屈自己

杨朱是先秦时期的思想家，他主张“贵生”“重己”，“全性葆真，不以物累形”，重视个人生命的保存，反对别人对自己的侵犯，也反对侵犯别人。在他看来，天地万物，都没有自己的身体尊贵，凡是有利于我的就行，不利于自己的一律不干。这样的观点是异常极端的，在生活中难以行得通。所以，颜之总结道：像墨子那样的，就叫作热腹，舍己为人，太过于热心：像杨朱那样的，就叫作冷肠，只想着自己不管别人，又太过无情。其实在为人处世上，不能太热心也不能太绝情，应该一切以仁义为标准。这个道理也符合中庸学的理论，在生活中得到了广泛的证实。

生活中，许多人乐意做“热心人”，他们总是对别人说“有事您说话”，只要别人有困难需要帮忙，他们肯定全心全力帮忙。热心肠又好面子，宁愿自己吃亏也不在乎。他们喜欢揽事，身上有一种“给予比接受更快乐”的风范，是不折不扣的助人为乐的典型人物。不过，他们中的很多人，成全了别人，却委屈了自己和家人。

太热心了并不是什么好事，特别是在那些力所能及的事情上，好心往往还会办坏事。一个健康快乐的人，首先是让自己健康快乐，自己健康快乐是带动别人健康快乐的前提，否则，你连自己都照顾不好，又怎么能去解决别人的问题呢？

小王在银行工作，他曾经的老师想开一家公司，因缺少资金，便去问他能不能帮忙。他想：“老师原来对我不薄，这是老师第一次找我帮忙，我应该尽力而为，以报答老师的一片恩情。”虽然自知此事办成不易，但他还是当即向老师承诺，自己一定想办法促成此事。

可是，他毕竟刚参加工作不久，还没有取得说话的资历，老师的贷款请求又完全不合乎规章，所以小王在银行内部上下疏通，结果很快就花光了自己上班几年的积蓄，而这笔贷款还是遥遥无期。

这边毫不知情的老师乐呵呵地租好了门面，请好了员工，等着资金开业时才知道小王这里根本拿不出钱来，搞得老师很被动，责备他说：“你这不是在捉弄我吗？你这么做不是害我吗！”小王实在无话可说，自己花钱费力最后落得一身埋怨。

别人来找我们办事，肯定是希望我们能伸出援手，能够帮多少就帮多少。在我们能力之内能够帮上忙的，不能寒了他们的心，但经过我们的努力确实帮不了的，也不要硬着头皮随便答应下来，要不然把自己弄得精疲力尽，最后还是落埋怨，出力不讨好。所以，实在无法帮忙的，没必要委屈自己，把自己弄得太痛苦。

老家一个邻居跑到省城找工作，身上带的几十块钱花光了，工作也没找到，就给任军打电话，说他也没什么挑拣的，随便找个活干，能给口饭吃就行。任军心想自己根在乡下，这个忙也确实应该帮，但城里现在都有那么多大学毕业生在那晾着，没特长没学历，去哪找工作啊？任军四处求人，最后给他找了个清洁工的活，在一个机关大院扫地，每月工资1000元，每天辛苦三四个小时就结束了。没想到，一个月下来，邻居就不干了，问能不能换个既不出力又体面一点的工作。任军瞬间无语了。

有时候，我们要分辨出那些需要帮忙的对象是不是真正值得帮助的人。农夫和蛇的故事家喻户晓，其中的道理世人皆知，不要帮助那些阴险恶毒的小人，否则终将害了自己。鲁迅先生也有"痛打落水狗"之说，讲的也是同样的道理。

1.注意帮忙的尺度

当然，要注意帮忙的方式和尺度。比如，朋友着急用钱，你可以把自己的积蓄借给他，但是千万不可动用公款，否则无异于铤而走险，不仅救不了别人，还可能会把自己也搭进去。

2.帮助不能越俎代庖

"救急不救贫"，帮助不能越俎代庖，别人有能力做的你不能大包大揽，然后还以急人所难自居，这样就不好了，而且，帮别人之前首先考虑自己的实力，千万不要忘记量力而行，切不可帮完了别人，自己反倒成了需要别人帮助的人。

小贴士

对于别人求助这件事，有能力帮就帮，无能为力的就应该果断拒绝。有时不懂得拒绝，反而会对求助者造成伤害。因为，你一旦答应下来，别人就会寄予全部希望，若最终无法解决，反倒因延误时间对别人造成更大的影响。

第2章

你不好意思，就是太好面子

很多时候，人们常常碍于面子，不好意思去说，去做，结果反而与机会擦肩而过。那些放不下小面子的人，永远只会有小面子；那些放得下小面子的人，才能最终赢得大面子。别不好意思，面子也就那么一回事。

别怕不好意思丢面子

古代人常说“有辱斯文”，意指自己丢了面子，而现代人更是提出了“人活一张脸，树活一张皮”的惊人言论。古往今来，面子似乎都成了一种国民性的东西，其实，爱面子更是一种人的天性。爱面子之心，人皆有之，每个人活在这个世界上，都渴望能够得到别人的尊重，都希望自己在别人面前能有面子。

当夏娃和亚当偷吃了禁果，他们知道了羞耻心，于是开始为自己穿上了衣服，像这样一份羞耻心在某种程度上也可以说是一种爱面子。这样一种面子思想根深蒂固地植根在人们的心里，不可动摇。

人与人在进行人际交往的时候，难免会因为自私而竭力维护自己的面子，充分展现自己的才华与能力。这时候，他们往往忽视了身边的朋友，当你表现得越优秀，他们的脸色就越难堪，这无疑是当场不给对方面子。所以，谦虚地把自己隐藏起来，给朋友一个展现自我的机会，丢了面子又有什么关系呢？朋友表现得越出色，你也就越有面子，而且你也能赢得朋友的好感，何乐而不为呢？

春节前夕，公司员工在酒楼聚餐，各个领导阶层、各层员工都到了。小李和小王是一对好朋友，也同属于一个部门，所以，他们两个挨着坐下来，很快就与身边的同事聊得热火朝天。小李性格比较活泼，平时也喜欢吹牛，他在同事们的起哄下说起了平日追女孩的趣事，逗得大家哈哈大笑。而小王天性比较内向，看着小李那么受欢迎，隔壁那桌的女司事还直盯着小李看，小王心里就有点失衡了。他一个人摆弄着那些桌上的餐具，偶尔被身边的同事挤了，还露出不悦之色，同事见状连忙把身子往小李那边移了移，这样一来小王显得更孤寂了。于是，他故意将桌上的每一件餐具都往朋友小李那边移动，结果本来谈话兴趣非常浓厚的小李开始变得心神不定，不时地向小王看看。这时候，小王一不小心就把一杯刚倒好的茶水打翻了，正好倒在了小李的身上，小李不悦地对小王说："你在干吗？"说完，去卫生间整理衣服，出来之后，他就坐到了另外一个位置，也不再搭理小王了。

当小王故意把桌子上的餐具往小李位置那边移动，这让正在聊天的小李感到某种压力，那就是自己的精神领地受到了侵犯，感觉作为朋友的小王并没有给自己面子，使他变得不愉快。因此，人与人之间的相处，就逐渐沦为一种争面子的交际游戏，谁面子有光谁就是交际中的佼佼者。当然，为了自己的面子，必然是建立在驳了别人的面子基础之上了。当你在尽情地表现自己的时候，为自己争得了面子，却抢占了别人的表现机会，这样一种太功利性的心理会影响到自己的交际效果。实际上，即便是丢了面子，也千万不要觉得不好意思，不妨当作给对方一个表现的机会吧。

1.爱面子是自尊心驱使的

每个人都是有自尊心的，无论是大人还是小孩子，无论是男人还是女人，无论地位高低，无论身份悬殊，这时候那内心强烈的自尊心就体现为面子。这在心理学上认为，自尊是每个人的精神需要，也是一个人的人格体现。当人们为了自己的自尊去做各种表现的时候，这并不是一种错误，而是理所当然的行为。虽然，有时候人们为了自尊心或多或少都有一些爱面子，但那并不是人们愿意这样去做的，而是天性所驱使的。

美国哲学家约翰·杜威说：“人性深处最渴望的是一种‘自重感’。”这时候，人们最强烈的精神需求就体现为自尊、尊重、面子。这时候，我们可以把“人人都爱面子”理解为是他们维护自尊，渴望别人尊重的需要。而这样的一种心理需要也体现在人与人之间的交往过程中，如果你想与之建立融洽的人际关系，不妨丢开自己的面子，而要学会如何去维护好别人的面子。

2.不要为了面子而让自己活得很累

在生活中，许多人为了满足虚荣心，不惜一切代价要个面子，其实不知道这就是给自己戴上面具，套上枷锁，活得很不真实，也让自己觉得累。面子固然重要，不过完全没必要为了没意义的面子让自己受苦遭罪，顺其自然才是最可贵的。对于我们而言，面子这个东西不能全丢也不能看得太重，需要看什么样的事情来处理面子这个问题，什么面子都不顾可能会众叛亲离。

小贴士

事实上，我们每个人都有自己的一块精神领域，一旦跨过了这一界限，就会被认为侵犯和不尊重。所以，当我们与朋友相处的时候，尽可能地给对方一个表现的机会，给足对方面子，至于自己丢了面子，那就没必要去深究到底。

放下小面子，赢得大面子

每个人都有那么几个好朋友，一起分享心情，畅谈人生，共叙真情。但是，一旦到了关键时刻，有的人为了争面子，不惜驳了朋友的面子，他们认为自己就是最大的赢家。其实，不管是在哪个场合，你与朋友都是共同体，那就表示着你们是荣辱与共的。当你赢得了面子，践踏了朋友的面子，实际上你在人们面前已经丢掉了“面子”。

这样的“面子”隐含着人们对你的评价，以及对你真诚的质疑，你的影响力在逐渐减弱，人们会把同情的目光转向你的朋友。假如你能够丢下自己的面子，这无疑是长了朋友的面子，朋友脸上有光，你自然也跟着沾光，而且你那种大度的胸怀也会受到人们的称赞。所以，当你在朋友面前稍微放低了自己的位置，就一定会被朋友迎上最高的位置，这才是人生中的大智慧。因此，适当的时候，大度地丢下自己的面子，这不仅仅是为朋友长面子，也是让自己脸上有光。

阿龙和阿方是大学同学，也是一对好朋友。大四那年，阿龙一个人南下广州，经过了长达两个月的奔波，他找到了一份不错的工作，安顿好自己的他不时联系着还在学校的阿方。阿方在学校参加各种招聘会，可每次投出去的简历都石沉大海，没有回音。阿龙让阿方去广州，把他介绍给自己的上司，阿方想了想，就去了。到了那里，在阿龙的引荐下，阿方谋得了一个好职位，对此，阿方心里很感激。每次遇到同班同学问候自己的近况，阿方都毫不犹豫地说：“幸亏有阿龙的帮忙，我找到了一份还不错的工作，真是感谢他！”于是，班上的同学都觉得阿龙是不错的朋友，既有能力，还能够为朋友介绍不错的工作，而阿龙也觉得阿方这样的说法让自己在同学面前很有面子，他在广州那边就更加尽心尽力地照顾到阿方了，两人感情越来越好了。

当阿方得到了朋友的帮助，谋取了一个不错的工作。阿方发自内心地感激，所以，在面对同学的问候，他几乎是毫不犹豫地说“幸亏有阿龙的帮忙”。虽然，这样的说法在某种程度上说是丢了自己的面子，让人感觉自己很没有能力，但是，舍下了自己的面子，却为朋友阿龙长了面子。两个人的感情也越来越好，而自己无疑是依靠着阿龙这个贵人踏上了顺利的人生之路。

1.给足朋友面子

在日常生活中，我们或多或少都得到朋友的一些恩惠，比如朋友给予我们的关怀、帮助，等等。这时候，我们要敢于舍下自己的面子，让朋友面子上有光。如果你依靠着朋友的关系找到了一份好工作，在人前你大可以说“真是托某某的福气，我现在工作很好”，这样巧妙地为朋友长了面子。假如你心里不愿意承认自己是依靠朋友的帮忙才找到工作，还死要面子地说“我都是靠自己的实力才进了这个公司”，那这既让身边的人看透了你的虚伪，也会让你失去一个好朋友。

2.面子这东西你给了朋友，总有一天他会还你

在朋友面前，面子是可以稍微地减少点分量，只有当你丢下了自己

的面子，才会获得真正的友谊。放低自己的姿态，是为了抬高别人，当朋友感觉脸上有光的时候，他也会更加感激你的情谊。人与人之间就是相互的，今天你愿意为朋友丢面子，他日朋友也会为你丢下面子，只有懂得给予才会有所获得，这一直都是一个绝对的真理。

小贴士

所以，面对朋友，不要自私地只顾及自己的面子，还要学会给朋友面子。适当的时候，不妨丢自己的面子，给朋友长长面子，这对于促进你们友谊的进一步发展会有很好的帮助。

别不好意思道歉

朋友之间也会出现一些小摩擦、小冲突，于是，昔日的好友一下子变成了谁也不搭理谁的陌生人。即便是心里觉得有所愧疚，也碍于面子不愿意主动道歉，这时候，本来一次很普通的冲突就变成了一场拉锯战，看谁先沉不住气，谁先主动道歉谁就是输家。实际上，固然面子重要，但朋友更加可贵，所以，面对这样的情况，应该放下自己的面子主动道歉，留住好朋友。每个人在内心深处都是爱面子的，而朋友之间有了冲突就喜欢冷战，心里明明很想与对方继续这段友谊，却不会去付诸实际行动，最后只能尝透失去朋友的滋味。

有时候，为了面子，有的人不知道失去了多少难以割舍的朋友。为了虚伪的面子，却失去了最好的朋友，这简直是得不偿失。如果在这时候，自己肯放下面子主动道歉，就可以挽回这段友谊，留住好朋友，那才是最值得的事情。因为失去的朋友不可能再找回来了，而在朋友面前失去了面子却只是一件小事而已。我们每个人都要学会权衡利弊，学会放下自己的面子，主动向朋友道歉，重新获得一段友谊。

赵明和王刚原来是一对很要好的同事和朋友，可近来的关系却十分紧张，似乎到了“割袍断义”之势。一些不清楚事情真相的人还以为他们之间发生了天大的事情，不然两个非常要好的朋友也不会搞成这样子。那么，究竟是什么重要的事情让他们出现了这么大的决裂呢？

原来，早在一周前，赵明买了一套非常满意的高档西装，可刚穿了一个星期就将关键部位的一枚纽扣给弄丢了。赵明很惋惜，不料偶然发现了整日挂在洗手间的一件衣服上面的纽扣与自己那件西装的纽扣很像。赵明翻了翻那件衣服，好像是某位清洁工的工作服，他想了想，趁人不备之时就悄悄地扯下了那枚纽扣，准备将它缝到自己衣服上滥竽充数，并且他得意地将这“妙计”告诉了好朋友王刚。不料几天过后，办公室里的同事都知道了赵明这个笑料，原来王刚把这妙计当作笑料讲给了办公室的所有人，弄得当时在场的人都开始嘲笑赵明，赵明觉得自己自尊心受到了打击，觉得自己在办公室太没有面子了。王刚看着怒气冲冲的赵明，觉得自己做错了，想道歉，可是却拉不开面子，临下班的时候，他想叫住要走的赵明，可总觉得自己说不来。于是，他就放弃了。第二天早上，办公室的同事又把这件事当作了笑料大谈特谈，赵明看见坐在一边毫无动静的王刚，立即恼羞成怒，反唇相讥，大揭王刚的许多很令其丢面子的“底牌”，于是乎后果就可想而知了。

如果王刚能够在事情发生之后，就主动向朋友赵明道歉，那么事情也就不会愈演愈烈了。虽然事情的起因只是一枚不值钱的纽扣，但这件事却大大地伤害了赵明的自尊，让他在同事面前很没有面子，朋友之间出现了裂痕，在这关键时刻，王刚本来想道歉，可是碍于面子没有主动向朋友道歉，也没有化解办公室的笑料。这使得本来就很气愤的赵明更是生气，所以，才出现昔日好友反目成仇的局面了。

1.放下面子，获得友谊

假如每个人都顾及自己的面子，那这个世界就不会成为一个整体了。朋友之间也是一样的道理，主动向朋友道歉并不是一件丢面子的事情，反而让你拥有了颇为珍贵的友谊。当我们还在为面子而内心挣扎的时候，那么你就不要犹豫了，也不要极力挣扎了，因为面子固然重要，但朋友更加难得。学会放下面子主动向朋友道歉，留住好朋友，留住一段珍贵的友谊。

2.在友情面前，面子和自尊都没有那么重要

有人认为主动道歉就是丢了面子，意味着自己在朋友面前低头了，这是自己所不能容忍的。其实，低头并不是一种错误，也不会让你丢掉面子，而是寻找一份真挚的友谊。每一对好朋友都或多或少地发生过不愉快的一些事情，但不是所有的人都懂得低头。那些主动向朋友道歉、肯低头的人，他们心里一定更加珍惜这段友谊。

有时候，低头并不是认错，或许会让你在朋友面前失去面子，但为了挽回一段真挚的友谊，付出再多都是值得的。朋友之间出现了矛盾并不要紧，但一定要学会忍让、道歉、低头，因为死要面子的下场只会是痛失这段友谊。

小贴士

假如朋友之间发生了不愉快，总是选择赌气，这样就很容易造成误会。既然选择了他作为你的朋友，那就确定了他是你身边比较重要的人，那么就要学会放下自己面子，放下那些不必要的自尊，好好地用心交流沟通，这样你的生活才会五彩斑斓。

别为了面子，丢了里子

俗话说：“人争一口气，佛争一炷香。”在中国人的眼里，面子这个东西是非常重要的，它总是与一个人的人格、自尊、荣誉、威信、影响、体面等联系在一起。如果一个人的面子受到损害，他就会下不来台，就会生气。

因为爱面子，也怕丢面子，因此有些人总是千方百计地维护自己的面子，而正是在这一过程当中，他们失去了许多更加有价值的东西。“死要面子活受罪”，说的就是这种事情。

面子是表面的，并没有什么实际的内容，死要面子就是虚荣心的表现。在对待面子这个问题上，我们一定要学会放下，面子既不能不要，也不能死要面子，让自己活受罪。否则，自认为要了面子，而其实往往就是丢了面子，丢了面子还算是小事情，问题是让自己白白吃了哑巴亏就太不划算了。

或许有人说，男子汉大丈夫，怎么可以不要面子呢？那么到底什么是面子呢？难道大丈夫的面子就是在妻儿面前发号施令、颐指气使的样子？难道大丈夫的风度就是当众喝酒赌博、狂言乱语的样子？俗话说得好：“大丈夫能屈能伸。”假如大丈夫连一点小事都觉得丢了面子，那他还算是一个大丈夫吗？

鲁迅在《“要面子”与“不要脸”》这篇文章里面说，“要面子”与“不要脸”实在也有很难分辨的时候。例如，一个绅士叫四大人，有钱有势，人们都以能和他攀谈为荣。有一个专爱夸耀自己的叫花子，有一天突然高兴地对大家说：“四大人和我说过话了！”大家既惊奇，又很羡慕，问他：“说了什么呢？”叫花子回答说：“我站在门口，四大人出来了。对我说：‘滚开去！’”所以，有些自以为有了面子的人，实际上是“不要脸”的人。在生活中我们要时时警惕自己，看看自己是否要了不该要的面子。

1.不要为了面子把自己逼疯

在生活中，有的人原本很穷，却死要面子，勒紧裤腰带，与人比阔。有的人，为死要面子，四处吹嘘自己怎么怎么“有能耐”“能办事”，无限夸大自己所谓的“后台”是如何如何的“硬”，也有的人明明意外成功，明明很高兴，却死要面子，假装深沉，装作没事一样。对于那些爱面子的人，他们总是采取一种务虚而不务实的态度，把面子放在绝对不可动摇的位置，自动承受由此带来的利益上的巨大损失。

2.不要得了面子，丢了里子

面子是表面的，是虚浮的，要面子就是虚荣心的表现，里子是深层的，是实实在在的。面子华而不实，里子却是表里如一。里子真实的人，虽然没有外表的美，却有内心美，最终会得到人们的理解和尊重，一个人假如没有灵魂，那么这个躯壳还有什么用。

小贴士

对那些死要面子的人，真正到了自己的正当利益受到损害或面临威胁时，他们却害怕丢面子，不敢站出来据理力争，最后只能看着本来属于自己的那份利益被他人拿走，可谓是哑巴吃黄连——有苦说不出。

别不好意思与陌生人搭讪

许多人都有这样的体验，在走进一间陌生的房间，或是与一个不熟悉的人碰面时，在心里对自己说得最多的一句话，就是：“我该怎么样打破僵局，交到朋友？”而独处的时候，有时又会突然想到：“啊，那天我很唐突地说了那样的一句话。”或者是：“哎呀，我当时怎么说了那么破坏气氛的话。”想起来的时候，真是恨不得咬掉自己的舌头。可是，世上没有卖后悔药的，我们只好悔恨地提醒自己，下次不可以再犯。可是这样的话，又经常弄得自己很紧张，甚至惧怕与陌生人的约会。

迈克是一家外企公司的人力资源经理，他招收过一批新员工。但让他感到不解的是：这些员工们在应聘时一个个都是侃侃而谈，对考官的各种提问都应答如流，可是进入公司后，很多人不善言谈的弱点“原形毕露”，即便让他们说些迎言送语式的话，也是面红耳赤，羞涩得不得了。后来，迈克就主动找他们谈话，问他们是不是对新环境感到不适应，他们大多低着头，小声嗫嚅："不习惯和陌生人说话。"倒是其中有一个人反问迈克："到底该怎样做才能把自己融入集体？"

迈克笑了笑，随后问另一个把嘴管得死死的新员工："你是不是每次跟人说话都像赶考？"他点头表示"是"。迈克说："你这是患了语言怯生忧郁综合征了。"

恐怕很多人在陌生的集体和陌生人面前都出现这样的情况，在陌生人面前，因为怯生，所以就会出现舌头打滚、语无伦次，越想把话说得尽善尽美，越是说得言不达意。这就像一个初次登台的演唱者准备得越充分，演唱效果越是打折扣一样。戴尔·卡耐基在他的《人性的弱点》中提到了人际关系的抑郁症。是什么导致抑郁？是怯生。而怯生的原因反过来归结于我们不懂得如何说出打破尴尬的话。

那么，我们该怎样说话，才能将话说到陌生人心中，从而不觉得不好意思呢？为此，我们需要掌握几个要点：

1.开门见山

如果你经人介绍和一个陌生人或者一个群体认识，你不知道他们，他们也不了解你，你的心跳会不会突然加快，不知如何是好？

逢此情况，心里不要有顾虑，更不要回避大家的提问。俗话说："一回生，两回熟。"第一回你就怯生而不语，何来第二回的相熟？要想尽快和陌生人相熟，不说话是不行的，但说话也要看怎么说。如果面对的是群体，你就不能急于回答他们的问题，以防捡了芝麻丢了西瓜。那么怎样才能把握好与陌生群体对话的语机呢？有几种开门见山的"开场白"，比如"初来乍到，请大家多关照"；比如"今后我们要一起共事了，我有什么不妥之处，还请各位包涵”；比如“作为新人，能得到大家的如此热情，真让我感动不已”；比如“认识大家很高兴”……这样在群体面前说话，会让众人觉得你热情有加，心理距离也就一下子拉近了。

无论是对一个陌生人还是陌生的群体而言，沉默不语均被视作对这个群体的拒绝；说话太多也难以让陌生人所接受，而且还会让人感到害怕。第一印象是带有根本性的。如果你没有管好自己的嘴，在陌生人面前出现“言失”或过分表现自己的所谓口才，那么你都会被陌生人从心里拒绝。而如果你懂得与陌生人聊天的语言秘笈的话，你就能轻松操控陌生人的心，从而轻而易举地跨过与别人之间的栅栏！

2.问话探路

把对方假设成一般过路人，然后像问路一样，找一些自己心里有数却佯装不知的问题请对方来回答，这样你就取得了语机上的主动。无论对方的回答对与错，你均需认真地洗耳恭听，即使对方说错了，你也应该“将错就错”地表示谢意。因为，这种问话探路的目的并不是要找到什么答案，而是为了打开你和对方语言交流的闸门。

一旦双方对话的闸门被打开，顺流而下，原先那种陌生感就会自然消失。因为通常情况下，没有人会恶意地拒绝一个虚心请教者。相反，人只要对方愿意搭你的话，你所预期的社交方案便已经成功了一半。问话探路法只适用于和一个陌生者搭话，若和一个团队接触，则不适用。

3.轻松探微

和一个陌生人初识，有时只需抓住对方工作或生活的某个细节，就会很顺利地叩开对方的心门，激发彼此交流的欲望。

仔细观察一下你身边的陌生人，看看他们是否有比较特别的地方，比如对方对方使用的手机款式让你非常青睐，比如对方的耳环是不是很特别……谈论这些细节很可能立刻吸引对方的兴趣。聊天的话题最好选择节奏感比较轻松明快的、无须费尽思量的，这样就不会让人对你的搭话产生反感。有时候，即使无语，只需向对方报以会心的一笑，也会拉近彼此的距离。

当对方有意和你沟通时，无论对方的话是对是错，切忌否定对方，因为毕竟你们还不熟，一旦被否，余下的沟通就很难继续，前面你所做的一切细节探微的努力也会因此而徒劳。

小贴士

而事实上，从对方的心理角度来看，每个人在与陌生人交往的时候，都希望对方能主动打破尴尬。因此，我们要想攻破对方的陌生人心理防线，别总是不好意思，而是要懂得应该与陌生人聊什么。

别不好意思承认自己的不足之处

在现实生活中，许多成功学的书都教导我们要用“积极思维”来自我肯定，然而，这种方法不仅令自己产生挫败感，而且，也会使他人心中感到不悦。有时候，我们经常听到有人说：“在我所从事的领域里，我是出类拔萃的”“我有足够的时间、能力、智慧来做这件事”“我觉得只有我才是最棒的”，等等。如果你仔细观察，就会发现这些人从来都是不受欢迎的那一类人，毕竟，没有谁能认同一个争强好胜、锋芒毕露的人。

在与人交往的过程中，我们要明白，你越是炫耀自己的优势，就越是贬低了对方；反之，你若是承认自己的劣势，则有助于使对方获得优越感。人们总是青睐那些看上去有点小缺点，不会威胁到自己的人，而那些太优秀的人，无一例外地都被人们当成了竞争对手或是敌人，当然，他们是不会认同自己的敌人的。因此，在生活中，要想快速赢得他人的认同，不妨大方承认自己的劣势，这样，使对方获得一种优越感，而你自己也轻松地打动了对方。

小卓和小万是大学时代的好朋友，她们一起进了同一家公司，并应聘到同一个部门。小卓的性格有点内向，无论是说话做事都谦和有度，彬彬有礼，而且，她经常大方地承认“这个我不太懂，特向您请教一二”“做这个方案需要注意些什么问题呢，你先给我讲讲吧，以免我做错了”，如此，承认自己的劣势，深得上司和同事的喜欢。小万在大学时期是学生会的主席，难免会带点自恃雄才的态度，而且她看起来又很漂亮，所以她更觉得自己是个优秀的人才，她总说“这有什么难的，我三两下就搞定了”“在这个世界上，就没有我干不成的事情”，这样的她在公司里几乎没有交到一个可以信赖的朋友，反而给自己树立了不少对手。

有一次，公司进行新一轮的人事变动，小卓和小万所在的部门也需要提携一个得力的助手。主管为了显示出公平，大家决定通过提名和主动竞聘这两种方式相结合。会议一开始，小万就迫不及待地开了头：

“我想来竞聘这个职位，因为我觉得自己各方面都比较优秀，我在大学时期是学生会干部，这让我积累了不少与人交际的实际经验……”当她在台上侃侃而谈的时候，台下的同事却开始小声议论起来“就她，才出校门的黄毛丫头，能行吗？”“嘿，就学校那点经验还好意识拿出来说，有本事在社会上锻炼几年再说”……议论声越来越大，坐在下面的小卓担心地看着小万，小万却置若罔闻，依然讲得津津有味。

后来，有不少同事开始提名推荐，有人冒出一句：“我觉得小卓挺不错的，谦和有度，即便是对我们这样的老员工，她也能耐心请教，什么时候都面带笑容，做事也很认真，但从来不张扬……”旁边一位老员工也附和：“是啊，现在就得给年轻人一个发展的机会，像我们这样的老骨头就算了。”小卓脸红了，起来说道：“承蒙大家厚爱，我觉得自己身上还有很多地方不足，担当不起这样的重任。”谁知，小卓这样一说，支持她的人更多了，在少数服从多数的情况下，小卓被任命为部门助理。

在公司，谦和有礼的小卓和张狂不羁的小万形成了鲜明的对比，同事们在承认自己劣势的小卓面前得到了一种优越感，好像这个小姑娘总是请教这、请教那，完全威胁不到自己，这样想来，对她慢慢产生了好感。而相反，小万的自恃雄才让身边的同事感到了威胁，不自觉地就对她产生了厌恶。于是，谦和有礼的小卓受到了公司上下的一致认同，而张狂不羁的小万则被大家遗弃了。

大量事实证明，承认自己的劣势有助于对方获得一种优越感，那么，其中的奥秘在哪里呢？不可否认的是，优越感来自于比较心理。承认自己的劣势，其实就是抬高了对方，贬低了自己。即使你本身很有能力，但若是在他人面前承认一些小缺点，那对方就会觉得“原来这样一个优秀的人也有缺点啊，看来，他不过和我一样”“在这方面，他还真的不及我”，这样想来，他对你就会产生一种亲切感，而自己则获得了一种优越感。

小贴士

其实，优越感来自于比较心理，如果觉得在某方面强过了他人，就会形成一种优越感，在日常交际中，我们不要忽视人们的这一心理，保持谦虚的姿态，大方承认自己的劣势，使对方获得一种优越感，以此快速赢得他人的认同。

第3章

你不好意思，就是内心有负担

不好意思的人有着无法突破的心理壁垒，比如自卑、羞怯、孤僻、多疑，这些都会导致自己越来越放不开，越来越不好意思，人生之路也越走越窄。找准内心症结点，然后逐一调整，才能渐渐走出“不好意思”的心理怪圈。

自卑，不好意思相信自己

自卑心理，用科学的语言可以解释为对自己缺乏一种正确的认识，在人际交往中缺乏自信，做事缺乏勇气，畏首畏尾，随声附和，没有自己的主见，一遇到有错误的事情就以为是自己不好，最后的结果是导致自己失去交往的勇气和信心。实际上，正是因为这样的自卑心理，最后才让自己失去一个展现自我的机会。

自卑，是一种不能自助和软弱的复杂情感。那些有着自卑心理的人总容易轻视自己，觉得没办法赶上别人。在这里，自卑心理主要表现为两个方面的意思：一是一个人认为自己或自己的环境不如别人的自卑观念为核心的潜意识欲望、情感所组成的一种复杂心理；二是一个人因为不可以或不愿意进行奋斗而形成文饰作用。

韦尔奇这样解释他的成功：“我们所经历的一切都会成为我们信心建立的基石，当你被选为一支球队的队长时，当你在球场中选队员时，你就掌握了这支队伍，然后事情就这么发生了，渐渐地，你会习惯这些经验，而且人们也会信任你，给予你善意的回应。”其实，在生活中，任何事情本身并不能影响我们，我们只是受对事物的看法的影响，假如我们总是任由自卑心理驱使，将自己看成是一个失败者，那我们就会失去一个表现自我的机会。其实，每个人没有什么局限性，任何人都一样，而在每个人的内心都有一个沉睡的巨人，那就是信心。

自信、执着，会让你拥有一张人生之旅的永远坐票。那些不愿意主动寻找自己，最终只能在漂泊无依中一直流浪到老的人，其实就是在生活中安于现状、不思进取、害怕失败的自卑者，最终，他们永远滞留在没有成功的起点。信心是获得成功不可缺少的前提，信心会引导我们走向成功。有信心的人，他们遇事不畏缩，不恐惧，即使内心隐隐不安，但他们也能勇敢地超越自我。有信心的人，他们浑身上下充满了活力，能解决任何问题，凡事全力以赴，最终他们成为了最伟大的胜利者。

在现实生活中，我们见到过这样的自卑者，或许自己也曾经是他们中的一员。他们不敢大声说话，不苟言笑，都是独自一个人在某个角落里默默注视着他人，实际上他们心里也渴望得到别人的关注，不过由于自卑的心理，让他们抬不起头来。因此，他们的内心世界是一片黑暗，很少能交到朋友，就这样自卑地活着。其实，自卑心理是可以用实际行动来克服的，而克服自卑心理最好的办法就是付诸行动，去做自己害怕的事情，直到自己成功。

那么，如何才能克服自卑心理呢？

1.尽可能坐在最前面的位置

心理学家认为，坐在前面可以建立信心。因为敢为人先，敢上人前，敢于将自己置于众目睽睽之下，就一定有足够的勇气和胆量。时间长了，这样的行为就会成为习惯，自卑也就在潜移默化中变为自信。而且，坐在比较显眼的位置，就会放大自己在公众视野中的比例，增强反复出现的频率，起到强化自己的作用。所以，从现在开始就尽可能地往前坐，虽然比较显眼，但通常情况下关于成功的一切都是显眼的。

2.抬头挺胸，快步走

心理学家认为，我们行走的姿势、步伐与其心理状态有一定的状态。通常情况下，那些懒散的姿势、缓慢的步伐是情绪低落的表现，是对自己、对工作以及对别人不愉快感受的反映。假如我们认真观察这些，就会发现身体的动作是心灵活动的结果，而那些内心自卑的人，走路就是拖拖拉拉，缺乏自信。相反，假如我们通过改变走路的姿势与速度，就有助于调整我们的心理状态，要表现出较强的自信心，那走起路来应该比一般人快。快步行走，就是告诉所有的人：“我要到一个重要的地方，去做很重要的事情。”

3.面带微笑

许多人都知道笑可以带给人自信，它是医治信心不足的良药，不过，依然有许多人不相信这一套，那是因为他们在自卑、恐慌的时候，从来不试着微笑一下。真正的笑容不仅可以治愈自己的不良情绪，还能立即化解别人的敌对情绪。假如你真诚地向一个人展露笑颜，他就会对你产生好感，这种好感足以使我们充满自信。

4.学会正视别人

俗话说得好，眼睛是心灵的窗口。一个人的眼神可以折射出性格，透露出情感，传递出微妙的信息。假如不敢正视别人，那就意味着自卑、胆怯、恐惧，躲避别人的眼神，则折射出阴暗、不坦荡的心态。当我们用眼睛正视了对方，那就等于告诉对方：“我是诚实的，光明正大的，我非常尊重你，喜欢你。”所以，正视别人，反映的是一种积极心态，是一种自信的象征。

5.学会当众讲话

在一些公众场合，自卑的人认为自己的意见可能是没价值的，假如说出来，别人可能会觉得自己很愚蠢，那最好是什么也不说，而且其他人可能比自己懂得多，内心里其实并不想让别人知道自己很无知。于是，在这样的过程中一次次摧毁好不容易建立起来的自信心。其实，从积极的角度来看，假如尽可能讲话，那就会增强信心。因此，不管是参加什么样的活动，每次都要主动讲话。

小贴士

自卑心理是因为婴幼儿时期的无能状态和对别人的依赖而引起的，对人有普遍的意义，可以驱使人成为优越的正能量，不过又是反复失败的结果。当然，自卑心理，是可以通过调整认识和增强自信心并给予支持而消除的。

羞怯，不好意思表达自己

羞怯心理，这是一种正常的情绪反应，一旦这种心理出现时，人体肾上腺素分泌会增加，血液循环加速，这种反应往往导致大脑中枢神经活动的暂时紊乱，最后导致记忆发生故障思维混乱，因此羞怯的人经常在人际交往中产生语无伦次、举止失措的现象。

羞怯心理产生的原因，是因为神经活动过分敏感和后来形成的消极性自我防御机制。通常情况下，过于内向和抑郁气质的人，尤其是在大庭广众下不善于自我表露，自卑感较强和过分敏感的人也会因为太在意别人对自己的评价而显得畏首畏尾，表现得很不好意思，浑身不自在。

许多羞怯的人想摆脱羞怯，结果却是越想摆脱，反而表现得越明显，慢慢形成一种恶性循环。所以，我们首先应该接纳羞怯心理，带着羞怯心理去做事，认识到羞怯只是生活的一部分，许多人都可能有这种体验，这样反而会让自己放松下来，逐渐克服羞怯心理。

一位即将毕业的大学生，作为见习老师第一次登上讲台，当学生起立，师生互致问候时，他想好的开场白不知跑到哪儿去了。惊慌中，他用颤抖的声音说了句：“同学们，再见！”同学们莫名其妙，面面相觑，见老师满脸通红，不知所措，不由得哄堂大笑。

他努力让场面安静下来，但换来的不是镇静，而是脑门上涔涔的汗珠。当他下意识地掏出“手帕”揩汗时，台下又是一阵哄堂大笑。他心里还在纳闷，但是经一位学生暗示，他才发现自己手里拿的不是手帕，而是一只袜子。他不由得更紧张了，心想大概是昨晚洗脚时，鬼使神差地把袜子装进衣兜了。

他想避开几十双眼睛的注视，抓起黑板擦擦黑板，整个课堂闹得翻了天。他窘得无法自控，无地自容，只好跑下了讲台，慌乱中一抬脚又踢翻了讲台旁的热水瓶。

有人说：“我从小就怕见到陌生人，在陌生人面前不知所措，从来不主动回答老师的提问，怕在众人面前说话，我今年已经30岁了，在异性面前就感到很紧张，很不自然，因此影响了我交女朋友，也影响了我与周围人的交往。请问，我这是属于一种什么心理障碍？”其实，这就是一种羞怯心理。

在社交场合，常常会有这样的现象：有的人轻松自然，谈吐自如；有的人却手足无措，不知道怎么办才好，言谈举止就显得十分慌张。比如第一次上讲台的新教师或第一次当众演讲的人也有这样的体验：事先想好的话，一到台上就乱套了。

那么，如何才能克制自己的羞怯心理呢？

1.增强自信心

在平时的生活中，我们应该想到自己的优点和长处，千万不要为自己的缺点而紧张，而要相信“天生我材必有用”，假如你只是看到自己的缺点，那就越是显得自卑、羞怯。假如你抬头挺胸，那自己的智慧和能力就会得到最大限度的发挥，有了自信心，自然能消除羞怯的心理。

2.不要怕被别人说

分析那些害怕在公众场合讲话、羞于与人交往的原因，我们很容易发现，他们最怕得到来自别人的否定评价。这样越怕越羞怯，越羞怯越害怕，最终形成恶性循环。实际上，在社交活动中，被人评论属于正常现象，没有必要过分计较。甚至，有时候否定的评价还会成为激励自己不断前进的动力。比如美国前总统林肯在年轻时就曾被人轰下台，不过他并没有气馁，反而更加努力，最后成为一名演说家。

3.进行自我暗示

每当自己到了公众场合，自己感觉很紧张的时候，就对自己说：“没什么可怕的，都是同样的人，不要怕。”通过自我暗示镇静情绪，那么羞怯心理就会减少大半。俗话说得好，万事开头难，只要我们第一句话说得自然，那随之而来的就是顺理成章的语言。

4.大方与人交往

我们可以向经常见面但说话不多的人，比如邮递员、售货员等问好，与人交往，尤其是陌生人交往，要善于把紧张情绪收敛，尽可能使用一些平静、放松的语句，进行自我暗示，这样可以起到缓和紧张情绪、减轻心理负担的作用。

5.讲究说话技巧

在平时的说话过程中，当我们脸红的时候，不要试图用某种动作掩饰它，这样反而会让我们更加害羞，进一步增加了自己的羞怯心理。我们应该意识到，羞怯只是精神紧张，并不是不能应付社交活动。

6.说出自己的忧虑

作为一个羞怯者，心理学家建议可以去找一个“可告知的人”，比如家人、朋友或医生，这些人可以善意地对待自己的羞怯而不会嘲笑自己，向他们倾诉自己心中的忧虑，一方面可以让他们为你出谋划策，另一方面还可以帮助自己摆脱心理包袱。

7.设想最糟糕的情形

我们应该设想一下最糟糕的情形，比如你害怕发表一个讲演，我们就会设想一下这些问题：你对这次演讲最担心的是什么？演讲失败，被大家笑话；假如真的失败了，最糟糕的局面会是怎么样；要么我跟他们一起笑，要么我以后再也不演讲了。这样一设想，那最糟糕的结果也不过如此，并不是一场不可以接受的灾难，那有什么值得羞怯的呢？对于羞怯者而言，普遍的担心就是因紧张而出现的一些身体外部表现被人笑话，比如出汗、声音颤抖、脸红等，不过，这些担忧纯粹是多余的，因为这些表现很少会被人注意到。

小贴士

羞怯的人会过分考虑自己给别人留下的印象，总是担心别人看不起自己，不管做什么事情，总会有一种自卑感，总是质疑自己的能力，过分夸大自己的缺点和不足，使自己长时间处于消沉的思想之中。同时，因为羞怯心理的阻碍，使得自己无法表达自己内心的真实情感。

孤僻，不好意思交际

孤僻心理，也就是我们常说的不合群，不能与人保持正常关系、经常离群独居的心理状态。在日常交际中，主要表现为不愿意与他人接触，待人冷漠，对周围的人常有厌烦、鄙视或戒备的心理。当然，有着孤僻心理的人猜疑心比较强，容易神经过敏，做事喜欢独来独往，不过也免不了被孤独、寂寞和空虚所困扰。

小王是一名战士，下士军衔，不过大家都说他性格怪异，冷漠，很少看到他与战友们嬉笑打闹，做什么事情都是一个人，喜欢溜边，没事一个人总是待在一个角落，成为部队热闹生活的旁观者。由于他不愿意和别人交流，开会也很少讲话，除非点名叫他，否则是看不到他举手的，而且当他在说话时则是语速很快很紧张很小心翼翼的样子。战友们都很难了解小王内心的想法，而小王平日在部队里也是一副“各扫门前雪，莫管他人瓦上霜”的态度。

有一天，领导安排四个战友在球场上打球，领导叫上小王说去打球，小王的第一反应就是：“我不去，我又不会打。”这就是“杜绝第一交际”。领导说：“好，你不打，陪我去转转总可以吧，不行我们再一起回来。”好说歹说总算愿意去了，到了球场，大家都在喊“小王，下来一起玩”。小王不吱声看着领导，领导先下去，他在场边看领导和战友们打，球场上五个人肯定分布不均匀，领导说：“你来吧，不然人不够，你够点意思。”小王说：“我不会，打不好。”这时小王就处于“不想交际”了。领导说：“就一次，下次我喊其他人，你就陪我们打一次，打一会儿就回去了。”小王不吱声，战友和领导又喊了几次，终于拖下来了。

算是勉为其难开始进入球场了，当战友们看到他有好位置的时候，就把球传给他，让他投，他迟疑了，战友们都鼓励他投，说他位置好，赶紧投。他才把球投了出去，当然，他离球框很近，而且没有防守，球进了，大家都说看不出来啊，小王还留了一手。他害羞地笑了，很短暂地闭上了嘴巴，还是那副冷漠的样子。后来在战友们的“配合”下，小王又进了几个球，而且不用战友们说自己会主动投球。打了一会儿，大家都累了，都坐在球场边上东一句西一句地聊，不过话题离不开“小王球打得不错”，看他冷冰冰的脸上羞得红红的，战友们猜测其心里肯定是在想“其实挺好的”。后来打球，小王都主动来了。

小王就是典型的孤僻心理，符合心理孤僻所有的性格行为。那其孤僻心理是如何产生的呢？原来，小王的父母在其幼年时死于一场火灾，从小就跟随爷爷奶奶生活，火灾的发生，给小王留下的不只是身上被大火烧伤的痕迹，而且还有不完整的人生。在成长的过程中，小王给自己画了一个圈，给自己定了性，自己给自己增加心理暗示，自我的羞耻感、屈辱感不断增强，自我否定意识的不断形成与加剧，表现出了消极的自我评价，对身边人的戒备心理就开始产生了。随着消极的自我暗示的不断出现，自己的情商扭曲，慢慢形成逃避现实、孤僻自卑、谨小慎微、容忍退让的懦弱性格。

孤僻心理的产生来自多方面的因素：青年时期的心理特点，使得孤僻心理在青年人中比较多见。青年人正处于成长的关键阶段，世界观和人生观刚开始建立，自认为已经长大成人，经常委屈地感到自己不被理解，有一种莫名奇妙的孤独感；一个缺乏强烈事业心的人会有孤僻的心理。

通常情况下，内向性格的人容易孤僻，因为他们的自我中心观念比较强，内心深处对外界有强烈的抗拒感，往往对外界事物和周围人群表现得很冷漠；童年的创伤经验，比如父母离婚、伙伴欺负等不良刺激，都会使他过早地接受了烦恼、忧虑、焦虑不安的不良情绪体验，会使他们产生消极心境，最终形成孤僻的性格。

那如何对孤僻心理进行自我调节呢?

1.正确认识自己和他人

孤癖者本人要对孤僻的危害有一个正确的认识，打开自己紧闭的心扉，追求人生的乐趣，摆脱孤僻的困扰，同时正确地认识别人和自己，努力寻找自己的优点和长处。孤癖者都没能正确地认识自己，有的觉得自己比别人强，总想着自己的优点和长处，而看到别人的缺点，自命不凡；有的则比较自卑，总认为自己不如别人，怕被别人嘲笑，而把自己封闭起来。其实，这两者都需要正确地认识别人和自己，多与别人交流思想，沟通感情，享受人与人之间的友情。

2.敢于与人交往

性格孤僻的人应该多与那些性格外向的人一起交往，让自己的情绪受到感染，也使自己变得开朗起来。这样一来，在每一次交往中都会有所收获，丰富知识经验，纠正知识上的偏差，一方面获得了友情，另一方面还愉悦了身心。

3.掌握交际技巧

假如我们在交际方面显得比较笨拙，可以看一些有关交往的书籍，学习交往技巧，同时多参加正当、有益的集体活动，比如郊游、跳舞、打球等，在活动中慢慢培养出自己开朗的性格。

小贴士

孤僻者缺乏朋友之间的欢乐与友情，交往需要得不到满足，内心很苦闷、压抑、沮丧，感受不到人世间的温暖，看不到生活的美好，很容易消沉、颓废，不合群。由于缺乏群体的支持，整天过着提心吊胆的日子，忧心忡忡，容易出现恐慌心理。假如这样的消极情绪长时间困扰自己，则会损伤身体，严重的还会有轻生的念头。

嫉妒，不好意思欣赏他人

古人曰：“人有才能，未必损我之才能；人有声名，未必压我之声名；人有富贵，未必防我之富贵；人不胜我，固可以相安；人或胜我，并非夺我所有，操心毁誉，必得自己所欲而后已，于汝安乎？”嫉妒，是毒害纯洁感情的毒药，是吞噬善良心灵的猛兽，是丑化面容的黑斑，其气来源于你心中的狭隘与不自信。其实，嫉妒是无能的表现，因为自己不能达到对方的高度，不能获得对方的荣誉，只好用嫉妒心理来维护自己的自尊。培根曾说：“在人类的一切情感中，嫉妒之情恐怕是最顽强，最持久的了。”在众多心理状态中，嫉妒是一种心理病态，基于内心的狭隘和不自信，人们很多容易产生嫉妒的心理，总觉得自己处处不如别人，埋怨上天的不公平。虽然，“嫉妒之心，人皆有之”，但是，如果这种心理的疾病不及时根除，那嫉妒就会越来越紧地束缚我们的内心，使我们浑身上下透不过气来。

嫉妒心理是具有等级性的，也就是说，只有处于同一竞争领域的两个竞争者才会有嫉妒心理和嫉妒行为。通常情况下，人们只会嫉妒与自己处于同一竞争领域的比自己表现优越的人，而不会嫉妒与自己不在一个领域中的人。周瑜嫉妒诸葛亮，也是因为诸葛亮与自己是处在同一个领域，而且，诸葛亮的能力比自己强，而他不会去嫉妒与自己不处于同一领域的人，比如曹操、孙权。

莎士比亚说：“您要留心嫉妒啊，那是一个绿眼的妖魔！”周瑜本聪明过人，才智超群，但却心胸狭隘，对于比自己技高一筹的诸葛亮耿耿于怀，心生嫉妒，最终落得个气绝身亡，怀恨而死。嫉妒是一种心理病态，宛如毒药，周瑜被嫉妒的心态所缠绕，最后，无疑自饮毒酒。他因嫉妒而死，我们不难发现，嫉妒之源来自于两方面，一是心胸狭隘，二是对自己不够自信。试想，如果周瑜能够心胸开阔，对自己充满自信，他也就不会英年早逝了。

好嫉妒的人，他们不能容忍别人的快乐与优越，在嫉妒心理的刺激下，他们会用各种方式去破坏别人的快乐与幸福，有的人会用流言蜚语来恶意中伤他人，有的人采用打小报告来排挤对方。好嫉妒的人，他们的心理既自卑又阴暗，几乎享受不到阳光的美好，也体会不到生活的乐趣。

1.培养自己豁达的心态

嫉妒心常常来自生活中某方面的缺乏，当我们觉得嫉妒的时候，也许是因为别人得到了你想要的地位或荣誉，所以，你心生嫉妒。于是，总是有种“缺乏感”来扰乱想法、感觉，它将引起嫉妒这种强烈的负面心理状态，自己被嫉妒心纠缠，并不断强化和持久化这种负面心理。其实，为了摆脱这种破坏的心态，我们需要培养自己豁达、洒脱的心态，懂得“天外有天，人外有人”“强中自有强中手”，相信对于自己还有机会，这样嫉妒之心就慢慢消减了。

2.转移自己的注意力

如果我们还有很多事情要做，自然就没有时间去嫉妒别人了。为了缓解失败而带来的心理失衡，我们可以找一些事情来做，使自己不再嫉妒别人。因此，在工作之余，积极参加各种有益的活动，努力学习，使自己真正充实起来，这样，嫉妒心将逐渐被瓦解，自己的能力也慢慢被提升了。

小贴士

嫉妒是人性的弱点之一，它是一种比较复杂的心理，包括了焦虑、恐惧、悲哀、猜疑、羞耻、怨恨、报复等不愉快的情绪。他们嫉妒的对象可以是天生的身材、美丽的容貌以及他人身上显露出来的聪明才智，另外，一些社会评价的各种因素，诸如金钱、地位、荣誉等也会成为他们嫉妒的对象。

虚荣，渴求的东西太多

虚荣心是一种追求表面的虚荣而使自己获得别人的尊重或被别人羡慕时所产生的一种自我满足心理。心理学家认为，虚荣心是自尊心的过分表现，是为了赢得荣誉和引起普遍关注而表现出来的一种不正常的社会情感。当然，虚荣心的产生与人的需求有关系，人类的需要分生理的需要、安全的需要、归属和爱的需要、尊重的需要和自我实现的需要。其中，尊重的需要包括成就、力量、权威、名誉、地位、声望等方面。一个人的需要应当与自己的现实情况相符合，否则就要通过不恰当的手段来获得满足，假如是在条件不具备的条件下，达到自尊心的满足就产生了虚荣心。

在日常生活中，我们常常会听到虚荣的心声：“你看，隔壁的王先生多潇洒，楼下的阿松自己买了小车，对面的小张刚刚炫耀说又订了一套别墅，看看我们自己，还住在筒子楼，钱没钱，车没钱，工作也不好……”俗话说：“人比人，气死人。”虽然人与人之间的比较是一种常见的心理活动，但是，如果我们时刻用消极的心态去攀比，贪恋虚荣，不仅会在比较中迷失自己，心中也燃起了虚荣的熊熊大火，早晚有一天，会因虚荣之心而把自己气死。

早上，王雯穿着新买的裙子上班，心里别提多美了，心想：这身打扮应该会把办公室那群人给比下去，不知道多少人会称赞自己有品位呢。她一边想着，一边乐，忍不住对着公司大门的镜子整理头发。来到办公室，王雯还没有来得及炫耀自己的新裙子，就看到一大群女人围着李倩，大家嘴里发出阵阵赞叹声。王雯心中顿感不快，挤着围过去一看，原来，李倩今天也穿了新裙子，不过，无论是款式还是质量，都在自己所穿的裙子之上。王雯看了一眼，满脸不屑，气冲冲地走了，身后传来同事的议论：“她总是这副样子，爱比较，比了又生气，真是搞不懂这个人……”“可不是嘛，要我说啊，就是嫉妒心在作怪，每次都这样子，都已经习惯了。”

听了同事的议论声，王雯怒火腾地上升了，她回过头，大声责问道：“你们说谁呢？”同事纷纷走开了，只留下脸红脖子粗的王雯。生气的王雯进了卫生间，对着镜子重新审视自己的裙子，越看越生气，一气之下，王雯拉着裙子的下摆猛地一扯，本来只是发泄心中的怨恨，没想到，新买的裙子居然被扯出了一条长长的口子。看着镜子中的自己，王雯气得哭了起来。

对于一些私心较重、心理欲望较强的人来说，他们时常会因为攀比把自己气得够呛，到最后，他们也不知道事情到底错在哪里。心胸狭窄的人，总喜欢以己之长比人之短，喜欢计较个人名利得失，越比较越是痛苦，感觉自己真的“吃了亏”或“运气不好”，甚至开始抱怨自己是“生不逢时”。看到自己的朋友当了官、发了财，自己的心理就很不平衡，总想着之前他还不如自己呢，但是，他们却不去思考对方取得成功的原因。

虚荣心理的产生源于三方面的内容：不能正确对待自己与别人的优劣，对条件比自己差的人容易产生虚荣心，那些有着强烈自尊心的人也容易产生虚荣心；对于过分重视荣誉的人，为了顾全自己的荣誉和面子，往往不惜弄虚作假；过分重视舆论效应的人容易产生虚荣心理。

那如何克制自己的虚荣心理呢?

1.树立正确的荣辱观

我们对荣誉、地位、得失、面子要保持一种正确的认识和态度。我们在世界上要有一定的荣誉和地位，这是心理的需要。但是，假如过分追求荣誉，显示自己，就会使自己的人格受到歪曲。

2.把握攀比的度

社会攀比是人们常有的社会心理，不过我们需要把握好攀比的方向、范围与程度。从方向上讲，需要多立足于社会价值而不是个人价值的比较，比如，比一比个人在公司的地位、作用与贡献，而不是只看到个人工资的收入、待遇的高低；从范围上而言，就是健康的比较，比如成绩，比干劲，比投入，而不是贪图虚名，嫉妒他人表现自己。

3.克制虚荣心所表现出来的各种行为

假如我们已经出现自夸、说谎、嫉妒等病态行为，那就可以采用心理训练的方法进行自我纠正，这种方法源于条件反射的负强化原理，也就是当病态行为即将或已经出现的时候，个体给自己施以一定程度的自我惩罚，时间长了，虚荣行为就会慢慢消退。

小贴士

虚荣心强烈的人不是通过正常的真实努力获得应有的尊重，而是利用谎言、投机等不正常的手段去沽名钓誉，一旦这样虚假的自尊被揭穿，那就有可能使其心理在极短的时间里全面崩溃。

猜疑，太过于捕风捉影

猜疑心理，就是在交往过程中，自我牵连倾向太重，总觉得其他什么事情都会与自己有关，对他人的言行过分敏感、多疑。《三国演义》中有这样一段描写：曹操刺杀董卓败露后，与陈宫一起逃至吕伯奢家。曹吕两家是世交。吕伯奢一见曹操到来，本想杀一头猪款待他，可是曹操因听到磨刀之声，又听说要“缚而杀之”，便大起疑心，以为要杀自己，于是不问青红皂白，拔剑误杀无辜，这就是一出由猜疑心理导致的悲剧。

猜疑心理无疑是人性的弱点之一，自古以来都是害人害己的祸根，一个人一旦掉进猜疑的陷阱，那必定是神经过敏，事事捕风捉影，对他人失去信任，对自己也同样心生疑窦，从而损害正常的人际关系。

同时，有猜疑心理的人会尤其注意留心外界和别人对自己的态度，别人脱口而出的一句话很可能都要琢磨半天，努力发现其中的潜台词。实际上，猜疑心理，就是人为地为爱的沟通制造了障碍。

1.培养自信心

我们应该看到自己的优点与长处，逐渐培养起自信心，相信自己会处理好与他人的关系，会给他人留下良好的印象。比如，相信自己的言行在他人面前是不可挑剔的，相信自己在人面前留下了好印象，从而打破自己虚构的因果关系。当我们充满信心地投入到交际中去时，就不会担心自己的行为，也不会随便怀疑对方是否会挑剔、为难自己了。

2.以理智战胜疑心病

当发现自己开始怀疑别人的时候，应该及时找出自己产生疑心病的原因，在没有形成思维之前，瓦解怀疑心理。比如，怀疑对方拿了自己的东西，我们可以冷静地想一想，会不会是自己下班忘了带回家，或者在哪里丢了。那么，这样一来，那些胡乱的猜疑就会被逐渐瓦解。其实，现实生活中的许多怀疑是可笑的，对此，冷静地思考一番是很有必要的。

3.学会自我安慰

有时候，我们在学校遭到了他人的非议与流言，或者与朋友发生了误会，这都是很正常的，没有必要去斤斤计较，你计较越多，疑心病就越重，给自己带来的烦恼就越多。假如自己觉得别人在怀疑自己，学会安慰自己没有必要为别人的闲言碎语所纠缠，不要在意对方的议论，这样就会使自己从疑心病的烦恼中解脱出来。

4.主动沟通，消除怀疑心理

事实上，怀疑是误会的升级版，当彼此之间的误会没有得到及时的解除，就会发展为猜疑；当猜疑不能及时消除，就会导致疑心病的加重。因此，我们应该主动、及时地与“怀疑”对象开诚布公地沟通，弄清事情的真相，消除误会，消除疑心病。如果是误会，通过沟通可以消除；如果是意见有了分歧，适当的沟通对双方也有好处；如果猜疑是真实的，双方经过平静的讨论，也可以有效地解决问题。

小贴士

生活中那些疑心病很重的人，整天疑心重重，无中生有，认为人人都是不可信、不可交，比如有的人见到别人背地里讲话，就会怀疑是在讲他的坏话；有人对他态度冷淡一些，就会觉得是不是对自己有了看法。他们总觉得别人在背后说自己的坏话，或给自己使坏。

第4章

你不好意思，就是太客气

生活中，多少人不好意思，就是因为做人太客气。这样的人对一切的人和事物都有一种疏离感，担心别人有不好的评价，忧虑自己哪些地方做得不对，小心翼翼做人做事，最后让“不好意思”成为一种习惯。

你就是做人太客气

什么是客气？客气，最初的意思指的是场面话，不吐真言，指有礼貌。客气是人与人之间一种最简单的语言交换，当一个人说谢谢，另一个人会说不客气，这样的目的是给彼此对方心理上一种平衡杆，使其对对方产生某种印象。

现代社会，“客气”这个词已经变成一个中性词，含有彬彬有礼、谦让之道。当一个人说“您千万别过分客气了”的场合，才含有一丝贬义，指的就是光说场面话，不吐真言。有着相同意义的“客套”说得更明白，指的是全是套话，没有一句真心实意的话。

通常对人太客气，会更容易跟人成为朋友。这样的人总是无限度地尽心尽力地满足他人的需求，一起出去吃饭会以身边的人需求为主；如果受到了别人的一点小忙，必然会非常感谢，一定想办法还回来；身边的人一起吐槽某个共同的朋友，他总是淡淡地回应：“其实，他人还好吧。”内心非常善良，对人很客气，从来不会得罪周围的人，人畜无害般的存在。

陆敏是大家公认的“小仙女”，每个月的工资大部分都花在了请朋友吃饭这个事情上。每当有朋友打电话求助“心情不太好”，她便会慷慨解囊，请人吃饭；偶尔遇到自己忙的时候，没能好好陪朋友，她便会等忙过之后把饭补上；若是有朋友请吃一顿饭，她必然会记住，然后找时间回请一顿饭。她宁愿朋友欠自己的人情，而不宁愿自己欠朋友的人情。所以她总是受到这样的评价：你这个人啊，就是太客气。

陆敏每次出去玩，都会习惯性地帮朋友带礼物，自己却没买什么东西。哪怕朋友并没有要求给自己带礼物，她总是每个人都会带一件，让身边人感到很暖心。不过，她身边的朋友总是分为两类，有一种是知恩图报的，他们也会经常回馈给陆敏一些小礼品；另外一些朋友则感觉理所当然，哪怕自己出去旅游也不会给陆敏带礼物。

所以，当陆敏接收到朋友带来的礼物时，她总是非常感恩：“谢谢你能记住我。”朋友便会说：“没有没有，其实你送我的礼物还多一些。”陆敏有些叹气：“其实，虽然我对身边的朋友那么好，但真正能在我需要时伸出援手的并不多。”朋友劝她：“对于这种不懂感恩的人，以后别对他们那么好了。”她摇摇头：“其实我对他们好并不是因为想要回报才这样做的，只是想起这件事有点难过而已。”

陆敏确实是一个好人，那些没有任何回报的人也没有做错什么，所以没有谁应该被怪罪。当然，真正导致陆敏不开心的是，她做人太客气。太客气的人，总把满足别人的需要看得比满足自己的需要更重要。因为太客气，他们很少对别人提出请求，反而对别人的需求很敏锐而慷慨，甚至有时候会为了满足别人而忽略自己的需要。

这种太过客气的人，其实并非真的是不求回报，他们所追求的回报，就是被需要的感觉。那些他们曾经热烈付出过的朋友，一旦无法给予回报，反而以冷漠回应，他们便会感到有些失望，似乎觉得自己的付出很不值得。但事实上，他们浑然忘记了，曾经也是自己想要付出而已。

不好意思的人，身上总有一种被亏欠感。其实他们内心深处是缺乏自我认同感的，所以他们总是需要通过他人的肯定来获取安全感。当然，他们似乎并不能找到合适的获得认同的方式，总是持续放低自己的姿态，把自己最好的东西都给别人。与这样的人相处，距离越近，越会觉得自己对他们有所亏欠，他们总会找出各种机会来为你付出，但是如果你想还，他还拒绝让你还这份人情。

从某种意义上看，太客气的人享受着这种“被亏欠”的感觉。从一个方面而言，因为“被亏欠”可以展现出自己的优越之处；另一个方面而言，太客气的人对自己的能力和魅力并没有太大的信心，所以只能让他人对自己有所亏欠，才能获得自己的认同感，才能让他们觉得对方是不会背叛的。

1.不考虑对方是否接受

太客气的人总喜欢让对方亏欠自己，但是是否考虑过对方是否愿意接受呢？你自以为是的过分付出，或许对他人来说会产生一种胁迫感，因为你总担心欠下人情，于是不敢和他们相处太亲密，而这种行为在对方看来就是“有意的疏远”。

2.被亏欠破坏了平衡的关系

太客气的人通常活得很累，因为他们在生活中总会有这样的感觉：为什么我对她那么好，她却对我很一般？为什么其他朋友对她不怎么样，她却对她们很好？实际上，任何一段长久的良性关系，不管是友情还是爱情，都应该建立在平等的基础上。所以依靠过分付出来维系一段关系，这本身就是不妥当的。我们应该明白，真正可以让对方欣赏并靠近自己的，应该是自己的能力和自信。

小贴士

太客气的人总是显得那么不好意思，不好意思求人帮助，不好意思拒绝他人，不好意思提出请求。然而，太过客气的人需要明白，内心持久的安全感永远来自于自己对自己的认同，而非来自别人的认可。当你在人际关系中不好意思时，你最亏欠的人，其实是你自己。

你太客气，所以没朋友

一个人为人接物和和气气，会更容易与人成为朋友。不过，在生活中，如果总是太客气的人，他们身边的朋友似乎并不多。我们听到过这样的抱怨：他那个人就是太客气了，给他捎点东西吧，他觉得不好意思收，非得买个价值差不多的礼物给我，是不是不把我当朋友啊？人们不喜欢与太客气的人交往，理由就在于相处过程中会有一种不安的感觉。

太客气的人总活得小心翼翼，好像在他内心形成了一道屏障，身边人根本没办法真正进入内心深处。而且，一个人的客气通常会让身边人感到疏离感，在对方看来，你并不是一个容易相处的人，而是一个严苛的人。那么，谁还愿意与你相处呢？

那些太客气的人习惯了忽略自己的想法，总是顺着别人。在他们看来，只有很好地照顾到方方面面，才能获得别人的良好评价。

苏然从小生活在一个和谐的家庭里，母亲是一个对人非常客气的人。如果隔壁家今天送了蔬菜来，明天母亲上街肯定要专门给邻居捎一份水果；如果有人在家里帮忙干一天活，母亲肯定会放下家里的事情赶着去还人情。在母亲的影响下，苏然自然而然地学会了为别人着想，只付出不敢提要求。尽管自己辛苦点，但母亲在村子里受到了街坊邻居们的赞赏。

长大后的苏然活得小心翼翼，每次约人总是早到半个小时，哪怕仅有一次迟到几分钟，也会向朋友道歉很久，尽管朋友一再表示“没有关系”，但苏然的脸上依然带着歉意，而且这种歉意会伴随她很久，可能聚会结束之后还在想这件事。

苏然有两个好闺密，平时总聚在一起吃吃玩玩，畅聊话题。不过，苏然一旦自己有了什么事情，总是一个人躲起来舔伤口，或悄悄哭一场，然后笑脸相迎朋友。反之，朋友一旦感情上出现了什么问题，总会毫不犹豫地打电话过来，苏然也总是来者不拒，全程陪伴，将朋友照顾得无微不至。朋友今天请吃烤肉，按照苏然的习惯，一定会回请回去，有时候因为手头紧张，她都会为此内疚好几天。

如果有人问她为什么这样做，苏然回答说：“如果不这样做，我会良心不安，没有人有义务对自己好。”

哪怕苏然受好朋友之邀去做客，也非常小心翼翼、战战兢兢，感觉非常拘束。她看起来十分敏感和仔细，如果看到朋友家特别干净，她便不好意思落座。朋友热情端来水果盘，哪怕是苏然内心想吃的，但她依然很客气地回答："不用不用，我不饿。"当她想去厕所了，等到憋了很久之后，才不好意思地问：可不可以用你们家卫生间？

苏然太过于客气了，这让她身边的人有一种相处不愉快的体验，总活得小心翼翼，让身边的人有一种感觉：她总是在讨好我，难道我是那么苛刻的人吗？但事实上，她看起来待人永远是那么恭敬和尊重。

人与人之间相处本来就是不简单的，一个人若是个性张扬，凡事总想占便宜，肯定也没人愿意跟你做朋友；但如果太客气，打破了人际关系的平衡，便会成为阻碍这段关系的继续发展。在上面这个案例中，苏然的母亲因懂得为别人着想、做事妥当得到了很好的评价。所以到了苏然这里，这样的思想得到了进一步强化，在她看来，自己只有这样才能获得别人的良好评价。

太客气的人总小心翼翼对待所有的人，实际上是一个对别人不信任的人。过分的客气就是太注重社交礼仪或者执着于自己的社交形式，不过这份真诚与真实并没有让人感受得到。尽管你永远在塑造一个好形象，不过人们更需要亲和与真诚。

太客气，总是想讨好他人的人身上明显有这样的特点：

1.内心脆弱

太客气的人内心十分脆弱敏感，擅长通过察言观色了解对方的需求，然后予以满足。对他们自身而言，并非不是完全没有需求，只是不习惯用语言表达，希望对方可以如自己般感觉到自己的需求并给予帮助。

2.害怕麻烦别人

太客气的人总担心自己会给别人带来麻烦，即便偶尔获得了别人的帮助也会受宠若惊，感觉自己承受不起，或者觉得不配接受来自他人的帮助。受到了他人的恩惠，也不能理所当然地接受。

3.介意别人的评价

太客气的人十分在意别人对自己的看法和评价，所以他们总是不会去表达自己内心的真正诉求，总是在尝试着在人们面前塑造善良、大度的良好印象。一旦自己哪点没做好，就会非常介意，并会为此耿耿于怀很久。

4.有些神经质

太客气的人比较神经质，他们每天都在担忧自己会给他人造成什么样的印象、说这些话是否合适、总为他人考虑太多等，然而，太过神经质的敏感，却让他在日常社交中没办法展现真实的自己，给人留下一种“不自然”的状态。

小贴士

太客气的人总担心别人说自己不够好，但这恰恰意味着没有价值，意味着对方会随时离开。然而，人与人之间的交往需要建立在真实平等的基础之上，彼此可以互相尊重、信任、平等。太客气，无形之中会给彼此关系造成一种阻碍。

适当客气，表露自我态度

在日常交际中，若对方是初次见面的陌生人，我们会使用较多的客气话，以此拉开彼此的距离。适当的客气话可以展现一个人的修养与素质，但过分地使用客气话，就会阻碍彼此的亲切感。然而，在某些时候，我们却可以通过说过分“客气礼貌”的话来拒绝与别人的交往，故意拉开彼此的距离，令对方主动退却。我们可能都有这样的经历，如果自己到一个朋友家里，朋友却对自己异常客气，你说一句话，对方只会“嗯”“啊”“哦”来回答，甚至和你说话时也是满口客气话，唯恐你不高兴，担心会得罪你。这样一来，你一定会觉得如芒刺在背，坐立不安，甚至想逃离这个地方。其实，这就是“过分”客气达到的效果，当然，朋友可能并不是想以此来疏远你，而是客气话运用得不恰当。如此一来，我们却可以从中得出一个结论，当你不想与某人继续交谈下去的时候，不妨以“客气礼貌”的话来令对方自退。

习惯于说礼貌客气的话，实际上会给别人一种心理暗示：我与你是有一定的心理距离的，或者，我不愿意与你继续交谈下去。大多数人都有这样的经历，只有在面对陌生人的时候，我们才会多出那么多客气礼貌的话，而对于那些熟悉的朋友，我们会自然地省去这些繁文缛节。

小王是一位十分帅气的男孩，他在一家美发店工作。由于长相出众，许多女孩子都慕名而来，成了他最忠实的顾客。可是，小王自己却吃了不少苦头，自己都有女朋友了，但许多女顾客却屡屡“求爱”，甚至在深夜还会收到很多内容暧昧的短信，而且，女朋友为了这事与他冷战很长一段时间了。为了与那些女顾客疏远距离，小王开始频繁地使用客气话“好的，非常谢谢您的惠顾，您慢走！”他连经常上门的老顾客也不会稍微少讲一句客气话，这样的称呼让许多女顾客感觉不到亲切感，甚至觉得小王的态度有些冷淡。于是，在每次做完头发之后，那些之前“示爱”的女顾客都很有礼貌地告别。过了一段时间，小王就再也没有收到过内容暧昧的短信了，他和女朋友也和好如初了。

在交际中过多地使用客气礼貌的语言，可以为你“赶走”一些不喜欢的人。因为客气的语言会让对方感到生疏，继而感受到一种心理压力，最后他不得不选择退却。如果你不想与对方继续交谈下去，不妨使用客气的语言，通过语言暗示对方“我不愿意与你交谈下去”。当然，如果是熟识的朋友，客气话就不能说得太多。

偶尔说一些过多的客气话，会成为你的社交利器。比如，当你在朋友面前说客气礼貌的话语，这是令朋友窘迫的最好武器；当你作为主人的时候，又成为最好的最高明的逐客令。客气话比大骂一顿更奏效，如果你怕对方会干扰到你，就拼命地跟他说客气话，临走时别忘了请他“有空再来”，但是他绝对是不会再来的。

1.“公式化”的客气话

为了使对方能够主动退却，你要选择那些十分刻板的客气话，比如“久仰大名，如雷贯耳”“贵店生意一定兴旺发达”“小弟才疏学浅，还要请阁下多多指教！”当你说出这些公式化的客气话，对方一定会主动闭嘴的。

2.“夸张”的客气话

当同事为了倒了一杯茶，以此想讨好你的时候，你可以故意夸张“呵，谢谢你，真对不起，不该这点小事也麻烦你，真使我过意不去，实在太感谢了……”等一大串客套话，让对方领会到你的“敷衍”之意。

3.“流水般”的客气话

为了展现出你“敷衍”的态度，在说客气话时要像背唐诗一样流畅。另外，还需要增加一些身体语言，比如，过度地打躬作揖，摇头摆身作态来帮助自己说客气话的表情，以“不雅观”的动作来展现自己的“虚假”，令对方主动退却。

小贴士

谈话的目的在于沟通双方的感情，增加彼此的兴趣，当你不想与对方继续交流下去时，就可以在你们之间建立一堵“墙”，而客气礼貌的话恰好可以达到这样的效果。这样一来，对方只能隔着“墙”作一些简单的敷衍酬答，最后会选择主动离开。

别太客气，适时不卑不亢

在日常生活中，许多人之所以没能办成事，其中很大部分的原因在于他们缺乏不卑不亢的风度，内心自卑，面对强硬的对方，势头就低了三分，这样，在对方咄咄逼人的气势下，自己根本没有办法掌控事情的走向，办事自然也就很容易失败。通常情况下，我们在办事时所遇到的对象，有的人会故意摆出强劲的势头，他的意图在于吓退你，以至于你办不成事。许多人心理素质不过关，不够自信，见到这样强大的对手就自卑、胆怯，本来想好的台词也忘得一干二净，反之，他们在遇到地位比自己低的人有很容易骄傲自负。其实，要想办大事，我们就需要克服这样的心理，在任何时候，无论是面对强劲的对手，还是比自己低势的人，我们都应该正确看待自己，做到不卑不亢，俯首低调，方能掌控事情的走势，从而达到办事成功的目的。

小贴士

在现实生活中，不管我们找什么人办事，无论对方的地位高或低，我们都要奉行不卑不亢的风度。因为不卑不亢才能得到对方的尊重，因为不卑不亢才能让我们从容掌控事情的走势，从而达到自己的预期目的。

别不好意思提出建议

在日常交际中，对于一些难以启齿的需求，我们无法直接开口说出来，而是需要借助含蓄的语言才能达到表达的目的。很多时候，我们不得不向他人提出自己的所需所求，有可能是对方没有意识到的尴尬问题，也有可能是求人办事，这时候含蓄的表达效果远远高于直截了当。含蓄表达是从侧面切入，暗中点明自己要表达的意思，换句话说，就是把话说在明处，把含义藏在话的暗处。在正常交际中，我们要善于用含蓄的语言来表达自己的需求，传递出话语的“弦外之音”。

王伟到总经理家请求帮忙，经理夫人热情接待了他，也很有礼貌地端茶递水。可是，王伟办完了正事之后竟然开始高谈阔论起来。眼看天色已经很晚了，孩子也要早点休息，可王伟还显得意犹未尽。于是，经理夫人收拾了一下家务，到房间对丈夫说：“小王这么晚来找你，你快点给他想个办法，别让他总是这样等着。”又对小王说：“您再喝杯茶吧。”一时之间，王伟领会了夫人的话，很知趣地告辞了。

天色越来越晚，经理夫人想要休息了，但王伟还在继续高谈阔论，出于礼貌，夫人不可能直接说“今天已经很晚了，我们都要休息了，你还是早点回去吧”。于是，夫人通过含蓄的表达暗示了自己的真实需求。看似表面上是帮王伟说话，实际上却传递了另外一个信息，这种因情因势的表达，既语言得体，又达到了自己的目的。

纪伯伦曾经说：“如果你想了解一个人，不是去听他说出的话，而是去听他没有说出的话。”一般情况下，我们都不会轻易地把自己真实的意见或者想法直接说出来，但这些感情或意见却总会在我们的语言表达里表现得清清楚楚。所以，在沟通的过程中，我们不仅需要听得出别人的“弦外之音”，而且要善于去传递自己的“言外之意”。

淳先生通过讲述自己经历的一件事情，暗示齐威王“拿很少的东西，却想得到更多的帮助”，并且暗示这样造成的结果肯定是求救失败。在整个谈话过程中，淳先生并没有直接表达自己的想法，而是处处用隐语作巧妙暗示，这样既没有拂了齐威王的面子，又达到了自己成功进谏的目的。

那么，如何含蓄地表达，才能让对方领会隐藏在话语中的真实需求呢？

1.通过说话方式传达自己的需求

在日常交际中，我们通常都会把自己的真实情感隐藏起来，但事实上在我们的言谈中却时刻流露出“蛛丝马迹”。这时，说话方式便是一个透露给对方内心所想的“窗口”，我们的说话方式不一样，所反映出的真实需求也不同，注意自己的说话方式，便能够把自己的真实需求传递给对方。比如，对他人表示心怀不满或者有敌意时，我们的说话速度就变得迟缓，而且显得比较木讷。

2.说话的表情

有的人对自己的喜怒哀乐从不掩饰，有的人习惯于不动声色地掩饰自己的情绪，所以，我们在与别人交谈的时候，要学会用表情来传递自己的真实需求，比如面对同事的诉说，你表示“我当然也很关心”，但脸上却分明显得很漠然，传递着“谁有空来管这件事啊”，对方也会领会到你不耐烦的情绪。

3.巧妙穿插“暗语”

我们的表述方式与表述习惯会传递出某些信息，这样你可以在言语中穿插一些暗语，“我会试着把这件事安排进工作进度中”，你所传递给对方的信息就是“我早就安排好了，你怎么不早一点告诉我呢”。

小贴士

毫无疑问，在交际中我们是需要“言外之意”的，因为在很多时候，说话不能太直白、太明了。比如，给上司提意见的时候，不能表现得比上司还强；批评对方的不足之处，不能伤害他人的自尊。

忍无可忍，无须再忍

在生活中，一个人心中太明白，精明过人，这并不一定就是一件好事。我们应该明白，太精明，在别人看来就是犯傻，忍耐有时候就是装糊涂，凡事不能表现得太聪明，这样反而对事情有利。

古人曰：“水至清则无鱼，人至察则无徒。”确实是这样，一个人若是过分表现出精明强干的一面，可以说是一件坏事。不管是做事还是做人，假装迟钝一点，傻一点，糊涂一点，往往会比太聪明的人活得更智慧。在平时的交往中，我们最好的技巧就是在该明白时需要装糊涂，哪怕是面对他人的攻击，我们也需要适时装糊涂，避重就轻，轻轻松松化开彼此之间的尴尬场景。装糊涂是忍耐的一门大学问，也就是自己心里明白，却假装糊涂，这是因为装糊涂是忍耐做人的技巧。

面对他人的攻击，揣着明白装糊涂，学会弯腰低头，那是一种做人之道，更是一种生存之道。如果你的反应太过于激烈，太过于直接，那将造成双方大动干戈的场面，而这正是交际场合中的大忌。不管是他人的尖酸刻薄，还是不怀好意，我们需要忍耐，适时装糊涂，故意曲解对方的意思，或者幽默面对。巧妙地装糊涂是一种真聪明，能显示出真智慧，不但给双方的关系涂上了润滑剂，从而建立和谐友好的关系，还能使整个场面变得轻松愉快。相反，如果你太在意别人的言语，对之恶语相向，那必将使整个场面陷入僵局。

巧装糊涂，不仅能摆脱自己的尴尬处境，同时也能给对方轻松感，从而使气氛变得更加和谐，更有利于沟通。装糊涂的幽默和平和的人生态度是生活中不可或缺的元素。一个人是否懂得忍耐，也是对一个人的一种观念、一种素质、一种能力的检验。适时忍耐，不仅可以给人们带来轻松的笑意和愉悦的心情，可以帮人化解危机，应付窘境，以更轻松、包容的心态看待人生。

木秀于林，风必摧之，当人们看到比自己优秀的人时，他们总会感到危险，因为如果我们的能力太强，就会让别人觉得自己要失去表现的机会。在这样的情势下，他难免会对你说几句刺耳的话语，对你保持戒心，在这时，如果我们巧装糊涂，随口说几句话就搪塞了过去，那肯定会相对地化解对方心中的敌意。如果我们表现得很强势和直接，那对方有可能会对我们产生敌意。在这样的情况下，我们唯有装傻充愣，这时候的忍耐是为了保护自己，避免让自己处于危险的人际关系之中。

第5章

你不好意思，就是太“老好人”

生活中，很多人不好意思，就是因为太老好人。凡是别人提出的问题都有求必应，即便自己受苦受累也毫无怨言。他们从来把他人的需求摆在第一位，最终牺牲了自己的快乐来取悦别人，尽力获得别人的认可。

你是否患有“友善病”

“老好人”是人们对一个人人格的赞许，因为他们对别人总是有求必应，哪怕自己会因此感到痛苦，他们也不会拒绝。对此，美国心理学家莱斯·巴巴内尔认为，为人友善是应该的，不过在能力不足或自己繁忙时懂得拒绝也是应该的。总不好意思的人并不值得赞美，因为其外表的友善掩盖了一系列的心理和精神问题。

有一个典型案例：

王女士的亲友有问题就爱向她求助，一个侄女每天给她打电话，声泪俱下地控诉丈夫，而且一说就是数小时。王女士其他朋友也是遇到问题就找她帮忙，她从来都不知该如何拒绝别人。私下里，王女士说，她已经身心俱疲了。有一次，一位同事向她倾诉，她放下自己的事情安慰同事。“我当时真想让她闭嘴或滚开，但不知如何开口。”

人们不好意思的原因竟然是取悦别人，当然，这些人的心态存在逻辑的缺陷和错误。一旦拒绝了对方，无法取悦对方，他们就会产生沮丧、焦虑、自责和内疚等消极情感，结果自己就会在适得其反的紧张情绪中难以自拔。这样的人要学会控制自己的思维，毕竟总想取悦对方的心态是不靠谱的。

在美国，有一个叫“好人综合征”的说法，所谓的好人，是指那些对别人十分亲切友善、十分好说话、有求必应、想方设法帮助别人、从来不考虑自己，并以此为荣的人。对这些所谓的“好人”而言，当好人不但是一种习惯或行为方式，而且更是一种与他人建立的特殊人际关系。

1.什么是友善病

巴巴内尔在其著作《揭开友善的面具》中写道，这类人的病理状态名为“看管人性格紊乱”或“友善病”。他们之所以表现得很友善，有可能存在天生的人格问题，如自卑或孤僻，也可能是受到不好的家庭教育，如家教过严，从小就不敢顶嘴或辩解。

2.所谓的“好人卡”

老好人所做的都是对别人有利，讨别人喜欢的事情，所以他们都收到了别人颁发的“好人卡”。实际上，其他人接受好人的帮助，都是有意无意带着自私的目的，但老好人却乐在其中，甚至一般人并不觉得这样做有什么问题。

3.老好人是一种行为偏差

老好人是一种行为偏差，甚至是生活或工作的某些方面出现了危机。老好人通常都是很普通的职员，他们工作十分努力，不过能力有限，于是，做好事成为他们博得别人另眼看待或赞扬的补偿方式。这样的人通常家庭或家庭关系可能有欠缺，童年得不到父母或兄弟姐妹的关爱，这会使他们更在意关系疏远者对自己的好感，不惜付出自己的百倍努力，甚至也有人对家人态度很恶劣，对外人却很好。

4.没有合理的界限

老好人并非好人一个人的事，往往会弄得身边人也会困扰，甚至给他们带来跟着受罪的感觉，而且好人的亲疏还会给家人带来伤害。对此，心理学家指出，一个人要保持健康的心理，有合乎情理的行为，必须保持一定的“健康界限”。也就是说，每一位个体的人都生活在某种身体、感情和思想的健康界限之内，这个界限帮助他判断和决定谁可以接纳，并接纳到什么程度，为谁可以付出什么，并付出到什么程度。

5.带来负面影响

有时候，老好人的思想意识会给人带来负面感情。比如当朋友需要你帮助，或者要求你周末陪她逛街，如果你做不到，就会感到内疚；假如领导需要你在工作时间做一些烦琐的事情，你若做不到，则可能感觉到的并非内疚，而是担心领导不高兴。

小贴士

思想会促使自己取悦于人的习惯找理由，从而让这些习惯根深蒂固，比如养成付出的习惯，不懂拒绝的习惯，甚至这样的思想还会纵容自己继续逃避及产生可怕的情感。

习惯性付出，是一种心理偏差

在生活中，总有一些人默默工作，无私奉献，但这样的人往往不吃香，付出最多，但得到的怨言也最多。他为朋友两肋插刀，有求必应，偶尔有一次无法满足朋友的要求，便会落下不好的名声；恋人之中，视对方为生命，无限付出，可对方觉得天经地义，接受得心安理得。因为总是习惯付出，一旦接受成了别人的习惯，你的付出便成了天然的义务，你不再付出便会惹来骂名。

其实，比如在公司，努力工作本来是立身之本，不过在自己付出的同时，合理的报酬、奖励、升级、晋职也是应该得到的，付出需要回报，不要当埋头工作的傻瓜，属于自己的功劳也应该要争。

小瑶是一位善良的女孩子，她热心帮助朋友，每当朋友提出什么要求，她总是尽自己最大的努力去帮助对方，从来不拒绝，也不会有什么怨言。所以，朋友有事情，定会马上向她求助，她渐渐成为朋友的拐杖。

有一次，小瑶还在公司上班，朋友打电话来，说自己忘记及时还信用卡了，现在还有一个小时了，但手中没这么多钱，希望小瑶能够帮助自己。小瑶二话不说挂了电话就请假出去，急匆匆赶到银行帮朋友还信用卡。尽管后来朋友再三表示了感谢，但小瑶还是被老板说了几句。小瑶天真地想：为了朋友，付出点没什么。

渐渐地，朋友养成了习惯：失恋了，在电话里哭着向小瑶倾诉，于是，小瑶马上出去，随叫随到，不管是烈日炎炎，还是凌晨三点；工作不顺心了，一个电话打过来，一倾诉就是半个小时，小瑶总是耐心地听着，哪怕自己还在赶写文案；需要借钱了，朋友总是第一个打电话向小瑶求救，希望她能帮助自己渡过难关，这时小瑶会将自己身上所有的积蓄都借给朋友。

但是，小瑶在有时候也会不开心：自己跟男朋友吵架的时候，打电话给朋友想诉诉苦，但朋友说“我在外面逛街呢，一会儿再说吧”；自己工作不顺心的时候，希望能跟朋友聚聚的时候，朋友总是说“不好意思，我没时间”；自己经济紧张的时候，还没来得及向朋友开口，朋友就说“我最近手头比较紧”……

到头来，这段友情不过是小瑶自编自演的“深情”，因为习惯了付出，所以她总是无法拒绝朋友的请求，一次次心软，她再也没办法拒绝。

为朋友两肋插刀是应该的，不过要看我们面对的是什么样的朋友。有些所谓的朋友喜欢占便宜，往往会利用我们的善良、心软，一次次把他的要求强加给我们。尽管我们在很多时候很无奈，但碍于面子还是会一次次满足对方的要求。

事实上，一味地索求就是变相勒索，由于自己付出成为习惯，朋友同事愿意找我们帮忙，找我们的人多了，就会成为自己的负担，常常令我们不堪其扰。这时我们应该反思自己是不是人太好了，是不是付出已成为一种习惯。一切的付出应该适可而止，对朋友也是如此。

初入职场，露露谨记母亲的教诲。领导布置的任务，她即使加班加点，也总会按时完成。和领导打交道的时候，她总是小心翼翼，生怕说错一句话，做错一件事，让领导不开心。与领导同行时，都让领导走前面，双手给领导递东西……有两次在会议室开会，露露看到领导端着茶杯，就主动提出去加点水。在场的两个女同事还一边笑，一边开玩笑说露露“很懂事”。

同事们需要什么帮助，露露即使很为难，但也从不说“不”。在公司里，和露露分担工作的是苏姐，比露露早来公司两年多，露露礼貌地称她苏姐。露露入职一个月左右时，领导吩咐“苏姐”加班，但“苏姐”私下求助露露，说家里有事，希望她帮忙顶一下。“我当时想都没想就答应了。”露露为此推掉了和姐妹的饭局，当晚在公司加班到9点多才回家。之后，“苏姐”只要遇到不想干的事情，都会直接甩给露露。露露很生气，虽然心里不愿意，但面对同事的要求，她还是挤出了笑容。

露露觉得自己一到办公室，就变成了一个没有主见的人。然而，即使心里很窝火，她一直都说服自己，吃点亏至少换来了同事的好印象。可是上个月，露露无意中得知，这个苏姐和另外两个女同事在背后议论她，说她假惺惺，喜欢拍马屁。

如今，露露已经一个星期没去上班了，她觉得很委屈，自己对人客气居然被大家误解，她不知道该怎么与同事相处，干脆把自己一个人锁在屋里。

当付出成为习惯，对自己对他人，都没有好处。在家庭中习惯付出，最终使亲情受损；在公司只付出不索取，最后影响自己的薪资、前程；友情中不讲原则地付出，最终影响两人之间的情谊；爱情中一味地付出，最后未必换来对方的真心，甚至落个难堪的下场。

过分付出是一种病，她之所以这样，是源于对自己能力不够自信的表现。当露露对自己的能力产生怀疑的时候，她就会通过领导和同事的赞誉来获得成就感和安全感。同时，因为内心自卑，她不敢在公司说出自己的看法，永远都跟随着众人的意见。

1.找到自信

许多刚刚入职的新人，他们在刚刚开始工作时都会丧失自信，觉得公司不需要自己，领导同事也不认可自己。这时新人可以尝试着与同事交流，让对方评价自己的工作情况，然后从中找到不足和自信。

2.别过分迎合对方

我们要在真诚地做自己和尊重他人之间找到平衡点，不要过于迎合他人。毕竟，每个人的成长背景、生活习惯都不同，有不同的想法和观点也是很正常的。人与人之间，也不会因为一个观点的不同就闹不和。

小贴士

难道拒绝对方就是犯错吗？不管是在工作和生活中，不要过于要求自己做一个完美的人，有时候说错话、做错事是很正常的，拒绝对方也是自己应有的权利，只要在这个过程中不断成长就好。

不好意思，只因唯唯诺诺的个性

任何时候，人们应该自信而勇敢地追求自己的人生，从来不以唯唯诺诺的行为来敷衍了事。唯唯诺诺是形容自己很没有主见，心中没有主意，总是一味地顺从，恭顺听话，对一些既成的事实深信不疑，缺乏一定的怀疑精神的性格。在他们身上时常显露出这样的特点：嘴里好像从来不说“不”，总是“好”“是的”；面对他人的提问，只点头不摇头。

也许，有人会问：难道他们就没有自己的想法和立场吗？当然不是，他们之所以唯唯诺诺是源于内心的不自信以及缺乏表露想法的勇气。这样的人更不好意思，所以原本属于自己的世界被他人入侵了。

老张是公司的老员工，辛辛苦苦工作几年了，职位却一直没有变。在平时的工作中，她认真负责，与身边的同事相处得也比较和睦，对上司更是敬重有加，不过，进入公司快十年了，许多比她晚进公司的同事都得到了晋升，只有她还在原地踏步。同事戏谑地问她：“对你的工作挺满意吧？”她总是乐呵呵地回答：“是的。”在与同事相处中，遇到不同的意见，老张对这位说：“是，你说得对。”回过头，她对那位也说：“对，你说得没错。”这样没有立场的说话态度，让同事感到很扫兴。

实际上，老张并没有发现自己得不到重用的原因就在于自己唯唯诺诺的性格，不管是与上司打交道，还是和办公室的同事相处，她从来都是一副唯唯诺诺的样子。这点可以从她说话看得出来，比如，她总是说“是是是”“好好好”，从来不会说反对的意见。刚开始同事接触到她，以为她这样的性格是由于陌生的关系，不想得罪人。时间长了，与同事都熟络了起来，她还是这样的性格特点，同事就觉得很讨厌了，而且，总觉得她这个人比较“虚伪”，不愿意与之交往。上司觉得老张没有自己的想法，只会一味地顺从，这样的人对公司将不会有很大的帮助，于是就一直没有重用她。

在公司，没有谁与老张能够谈得来，因为大家觉得她这种模糊的表达方式，唯唯诺诺的个性让自己非常不舒服。所以，最后老张既没有得到领导的赏识，也没有获得同事的好感，而且还非常令人讨厌。

即使，恭顺比较讨上司的喜欢，但是，不好意思、一味地服从只会让上司感到厌烦。在更多的时候，上司希望下属能够有自己独当一面的见解，这样才能看清楚一个人的价值。如果在任何时候都显得唯唯诺诺，不敢表露自己的真实想法，诸如老张这样的下属将不会得到重用。对于那些唯唯诺诺的人，他们身上还会显露一个异常的特点：做事犹豫不决，缺乏勇气。通常去做一件事情的时候，他们无法相信自己的判断，以至于最后她们没有勇气去做这件事情。

在日常生活中，我们不能老是不好意思，还需要好意思一些。有的人习惯不好意思，结果不仅使自己陷入尴尬，还会使对方有所误会，甚至造成彼此之间关系裂痕。

周末，好友芳芳热情地找上门来，对扬扬说；“放假了，好不容易有点休息时间，走，我们一起出去玩玩吧！”扬扬面露为难的神色，芳芳又接着说：“听说江边那家书店到了好多新书，咱们去一睹为快。”说完，拉着扬扬就要走。可是，扬扬还有不少事情没有做，而且妈妈出差在外，爸爸早上出门时，告诉她抄表员要来查水表，让她在家别离开。这真让扬扬觉得很为难，一时之间，拒绝的话难以说出口。

面对芳芳的热情邀请，扬扬不答应怕拂了好友的面子，但她又实在不能出去玩。于是，她才陷入了两难的境地。拒绝的话说不出口，最关键的原因在于自己的心理障碍，那么如何消除自己的心理障碍呢？

福特汽车总裁菲利普说：“假如缺乏冒险精神，今天就没有了电源、镭射光束、飞机、人造卫星，也没有盘尼西林和汽车，成千上万的成果将不可能存在。如果生活在一个没有冒险的世界里，我们必将面临重重危机。”所以，放下自己的唯唯诺诺，塑造充满勇气的智慧人生。

有时候，别人提出的可能是一些不合理、不合适的要求或者自己根本不愿意去做的事情，这时候，拒绝其实是一种自我保护。比如，自己的胃比较娇惯，吃不惯辛辣的食物，面对来自重庆同事的邀请，你可以委婉拒绝“那我吃饱了再去餐厅找你们，我吃不惯火锅”。

或许你明明知道朋友是借钱不还的那种人，但面对他的要求，你还是不好意思拒绝，那最后吃亏的只能是你自己。所以，面对他提出的借钱要求，大可以拒绝“我的工资都是妈妈帮忙管理的，我每天就拿点吃饭的钱，实在不好意思啊”。

可能，在很多时候你都习惯说“是”，于是，身边的人都认为你是个很好说话的人，经常会忽略掉你的意见。那么，不妨大声说出“不”，勇敢地表达出自己的意见，定会为你的形象加分不少。

小贴士

有人抱怨“那些拒绝的话怎么说得出口”，其实，拒绝并不意味着就一定会造成伤害，我们之所以不敢拒绝，是因为存在着一定的心理障碍，那就是唯唯诺诺的个性。

因为不好意思，所以感情淡了

俗话说：“没有勺子不碰锅沿的，也没有舌头不碰腮的。”即便是感情再好的夫妻，他们也难免不了有吵架的时候，甚至有的家庭小吵天天有，大吵三六九。也许，在最初的时候，我们只想拥有一个美满的家庭，从家庭这个温暖的港湾得到属于自己的那份幸福。可是，彼此生活在一个屋子里，就会有一些磕磕碰碰，产生一些矛盾与冲突。也许，吵架的当事人都觉得无奈，谁想吵架呢？吵架本身就是一种令人烦恼的事情，如果不及时熄火，还会演变成大规模的战争，甚至有的家庭因为一次吵架而破裂了。

其实，吵架也是一种特殊的沟通方式，它的目的并不是互相伤害与指责，更不是想毁灭幸福的家庭。当你明白了这样的道理，就要学会舍弃心中的矛盾，彼此各退一步让出和气，还家庭一个宁静温馨的氛围。如果你固执地想在吵架中占据上风的位置，那无疑你会成为毁灭幸福家庭生活的罪魁祸首。吵架就像是一场没有输赢的辩论赛，它的目的是表达出自己心中的想法，如果你不好意思低头，那么你就输掉幸福。在发生冲突矛盾的时候，只有你好意思低头，才能赢得家庭的幸福。

结婚之初，娜娜与老公就有一个约定，其中一条就是：不许因为家庭琐事争吵。而事实上，这协定在新婚之初就被无情打破了。

那天早晨，娜娜做好了早餐，老公也起床了，直奔餐桌。也许是饿了，他拿起筷子就开吃。娜娜一把夺过他的筷子，生气地说：“怎么又忘了？要先喝杯水再吃饭。我说过多少遍了，天天说你也记不住。”老公被她这一抢一嚷，吓了一跳，差点没噎着，也生气了：“你怎么那么多事啊，我不想喝，干吗总逼我。”因为娜娜从书上看，据说每天早晨喝一杯白开水有益身体健康，可老公对她那些“伟大”的理论从来都嗤之以鼻，但碍于娜娜每天的逼迫，不得不从。今天娜娜自己说急了点，老公也是烦透了她的天天逼迫。娜娜认为自己好心教他生活常识，他却不领情，一场战争不可避免地发生了，但终于因为都要上班而被迫停火。

晚上下班回来，娜娜想着早上的事情就生气，她索性耍起了大小姐脾气，坐在沙发上看电视，也不准备晚餐。晚上7点钟，老公回来了，满脸笑容：“屋里子黑黑的怎么不开灯呢？停电了吗？”他神秘地走到了娜娜面前，从背后拿出一束鲜花：“新婚快乐！我知道你还在生我的气，我也知道你是为了我好，早上是我说话太不客气了。下不为例，你就饶了我吧。”说完，还送上了一个热吻，娜娜在老公的弱势下心不甘情不愿地去厨房忙活晚餐了。

假如娜娜老公回来看到家里这个样子很生气，两人势必又会大吵一番。他先低头了，化解了两个人之间的怨气，也赢得了温馨幸福的家庭。其实，吵架的起因不过是一件小事情，但如果当事人不好意思低头，极有可能演变成大事件。所以，退一步海阔天空，不仅显示了宽阔的心胸，也赢得了幸福。

1.拒绝矛盾

有人这样总结自己十年的婚姻生活：结婚十余年，经历了一年甜蜜期、三年矛盾显现期、五年唇枪舌战期、八年抗战期，目前安然度过十年动乱期。她认为在家庭里产生一些矛盾是正常的，甚至她认为矛盾似乎也成为家庭生活的一部分。想她请教幸福家庭的秘诀，她只说了一句“学会拒绝冷战，如果你还爱着他，那么就舍弃心中的矛盾，选择退却，这会让你有一个幸福的空间”，她一语道破了玄机，在婚姻生活中，善于拒绝矛盾的才能获得幸福的眷顾。

2.影响家庭和谐的是矛盾的蔓延

再幸福的家庭也会产生一些矛盾，恩爱的夫妻也会吵架以及赌气，在现实生活中不吵架的家庭绝对不多见。夫妻之间存在的矛盾与争执，这都是婚姻生活中正常的现象，两个人之间没有分歧就没有进步。影响家庭幸福的关键，并不在于矛盾本身，而是四处蔓延的战火。

3.懂得忍让，幸福自然来

因为矛盾搁浅越久，出现的新矛盾就越多，伤害就越多，这直接影响了家庭的和睦与幸福。如果彼此之间都怀着理解的心情，该退让就退让，拒绝冲突与矛盾，各自退一步，那家庭就多了和气，少了怨气。若是两人之间有了分歧，有了矛盾，每次都是以吵架、冷战结束，那么家庭就不再温馨，只留下无尽的哀怨。久而久之，双方的心理距离也会越来越远，感情亦越来越淡，一段婚姻也走到了尽头。所以，该低头就低头，选择幸福，退一步你就可以拥抱家庭所带来的幸福。

小贴士

当然，若是出现了矛盾就要把握好原则和分寸，不要说过火的话和侮辱性的语言，无论矛盾因谁而起，你都要学会退步，偶尔让对方得意一回，这都并不能影响你在他心中的形象，反而会让他觉得你很可爱。

因为内心脆弱，所以不好意思

不好意思的人，总感觉自己被欺负，其实那是因为你内心不够强大。现代社会是一个开放和竞争的年代，人际交往越发频繁，在性格因素中，缺少自信，缺少对情绪的驾驭能力，而又时不时地还会感到自卑，那么他就没办法表达出明确的态度，以至于“人善被人欺”。对于这样的人，即使有再多的才华，恐怕也难能获得广阔的施展空间。心理学教授说，自卑是一种消极的自我评价或自我意识，即个体认为自己在某些方面不如他人而产生的消极情感。

自卑感就是个体把自己的能力、品质评价偏低的一种消极的自我意识。具有自卑感的内向者总认为自己事事不如人，自惭形秽，丧失信心，进而悲观失望，不思进取。

自卑是一种长时期的心理状态，有自卑心理的人，就如同披着海绵在雨中行走一样，包袱会越来越重，直至压得人喘不过气。被自卑感所控制，其精神生活将会受到严重的束缚，聪明才智和创造力也会因此受到影响而无法正常发挥作用。

1.平常心

其实，战胜自卑并非难事，不要过于看重一次的失败与丢丑，不要因先天的缺陷而抬不起头，在生活中抱以平和的心态对待周围的人和事情，慢慢地，当你鼓起自信的风帆，划动奋斗的双桨，你一定会发现一个生气勃勃的你，一个潇洒自如的你，一个成功的你！

2.战胜自卑

自卑会让人心情低沉，郁郁寡欢，常因害怕别人瞧不起自己而不愿与别人来往，只想与人疏远，缺少朋友，甚至自疚、自责、自罪；他们做事缺乏信心，没有自信，优柔寡断，毫无竞争意识，享受不到成功的喜悦和欢乐，因而感到疲惫，心灰意懒，不好意思。

小贴士

对我们来说，不好意思的人内心不够强大，便无法维护自己的态度和原则。事实上，自卑是束缚创造力的一条绳索，是阻碍成功的绊脚石。种种这些消极的反应都表明，自卑的心理促使一个人在人生道路上常走下坡路。

别在意别人的眼光

卡耐基说：“你见过一匹马闷闷不乐吗？见过一只鸟儿忧郁不堪吗？之所以马和鸟儿不会郁闷，是因为它们没那么在乎别的马、别的鸟儿的看法。”在生活中，许多人太在意别人的目光而失去了自我，这简直是得不偿失。当然，我们作为社会人，生活在各种各样的关系中，完全不在意别人的目光那是不可能的。事实上，我们对自己的评价，很多时候是需要借助别人对我们的看法而作出的。

小燕是一名歌手，以前，她也有过抱怨的时候，每次上节目，她都会抱怨：“自己太辛苦，实在受不了压力太大的生活，有时候，太在意别人的目光，我需要讨好歌迷、媒体，我一年发行两张专辑，但是，自己又想把工作做得更好，这样的工作量简直令我崩溃。”以前的工作时间安排得很紧，如果白天上通告做宣传，晚上还要去录音棚完成下一张专辑的录制，这样的生活超出了小燕可以承受的范围，每天她都感觉到很累，但是心中的怨气却无处诉说。最后，在内心快要崩溃的时候，她选择了退出歌坛。

在四年的休息时间里，小燕做自己喜欢的事情，她说：“以前大家都是看我怎么变化，而我因为这样会很在意大家是怎么看我的。现在我是用自己的脚步来看大家的改变。虽然现在我年纪大了，似乎变得老了一些，但是，年龄并不是我能掩盖的东西，我也想永远年轻，但是，却懂得这就是时间给我的礼物。在我成长的过程中，我得到的最大一份礼物是不用费劲去证明大家是怎么看我的，而是只需要做自己喜欢的东西，跟着自己的步伐，在以后的时间里，如果我能完全坚持自己的选择，那就是最好的生活。”或许，年龄对于小燕来说，似乎变得大了一些。但是，正是这样一个年龄，是一个不需要讨好任何人的时候。

最近，小燕复出了工作，在工作上，她已经与唱片公司达成了一致的意见，不需要拿任何事情炒作新闻，同时，不需要为了赢得名气而故意报唱片的数字，自己可以自由自在地唱歌，这恰恰是小燕最喜欢的一种状态。

小燕告诉所有的媒体：“我不需要讨好所有的人，我不需要在意别人的目光，我只需要做自己喜欢的事情。”然而，就是这样一句话，令所有的媒体工作者既羡慕又嫉妒，因为，对于媒体工作者，他们的工作无时无刻不是在意别人的目光，是在讨好所有的人，从而将自己的委屈和自尊放弃。每天，都有许多人为了人际交往，为在意别人的看法而活，他们在这样的过程中感到很累，甚至感觉到心力透支。

1.你正在成为别人眼中的自己

对于别人的目光，我们需要考虑，但并不是过分地注重，否则，你就会感觉到自己活得很累。你总是在想别人是怎么看待自己的，你总是经过别人的目光来修正自己，到最后，你会完全失去自我，从而变成一个别人目光中的自己，更为严重的是，你将变得闷闷不乐、忧虑不堪，你完全失去了心灵应有的轻松与快乐。

2.太在意别人，会失去自我

在很多时候，我们会特别羡慕别人那种所谓的“好人缘”，似乎每个人都能与他聊到一块去，他说的每一句话，所做的每一件事，都是以大家的目光为标准。在公司，上司说这个方案不行，他一句话不说，马上改成了上司喜欢的方案；挑剔的同事说，你今天的打扮好像不太和谐，第二天，他就真的换了一套同事认为和谐的服饰；在家里，爸妈说，你新交的男朋友没有固定的工作，她就真的决定与男友分手，重新找了一个能让父母觉得满意的男朋友。在这个过程我们都会发现，自己不过是因为太在意别人的目光而讨好身边的人而已，我们已经逐渐失去了自我。

3.做好自己

在生活中，不管是一个什么样的人，不管这个人做不做事，是少做事还是多做事，做的是什么事，他都会招来别人的看法和评价。而对于那些目光和议论，有的人会把它作为自己行动的标准，他们很在意别人是怎么看待自己的。结果所导致的情况是，他们在做事情时畏首畏尾，把自己搞得很紧张，好像自己在为别人而活似的。

小贴士

其实，我们根本没有必要这样，因为我们既不是演员，也不是在表演，我们的目的就是做好自己的事情，又何必那么在意别人的目光呢？

第6章

你要好意思说“不”，有些拒绝很正常

生活中，许多人患了“无力拒绝症”。坚持中庸之道的中国人，在想要拒绝别人总很容易产生一种“不好意思”的心理，从而难以把拒绝的话说出口。由于矛盾的内心，态度不诚恳，话也说得吞吞吐吐，使自己活得累，而且很容易迷失自我。

保全面子的拒绝之言

在日常生活中，我们都不可避免地遇到需要拒绝的人或事，面对别人提出的不合理、不合适的要求或者自己不愿意去做的事情，这时需要我们大声说“不”，不要认为自己就是受欺负的，不要以为自己总是要对别人言听计从的。虽然，拒绝是必然的，但拒绝的方式却是需要考量的，直接的拒绝将意味着对他人意愿或行为的一种否定，无形中会打击到对方的自信心，甚至伤害对方的自尊心。

那么，如何能够既保全双方的面子，又巧妙地达到拒绝的目的呢？

拒绝的话一向都不好说，说得不好很容易扫了对方面子，或者让自己陷入尴尬情境之中。所以，我们在拒绝他人时，需要讲究策略，最关键的一点就是用含蓄委婉的语言来传达“拒绝”的心理。

1.考虑到对方的面子

在拒绝的时候，我们需要考虑到对方的面子，而幽默地拒绝恰好可以巧妙地体现这一点，用幽默的方式来拒绝对方，让对方在毫无准备的大笑中失望。比如面对同事相约去钓鱼的要求，“妻管严”丈夫回答“其实我是个钓鱼迷，很想去的，可结婚以后，周末就经常被没收了”，同事哈哈大笑，也就不再勉强他了。

2.委婉拒绝

有时候面对下属提出的建议，上司不忍拒绝，只好委婉地暗示“这个想法不错，只是目前条件还没有成熟，我觉得你应该把工作重心放在现阶段的主要工作上”。有时候，身边的同事或朋友可能会向你打听一些绝密的事情，但原则问题要求你保密。这时候，你不妨采用诱导性暗示，诱导对方自我否定。比如，你可以对他说：“你能保密吗？”对方肯定回答：“能。”然后你再说：“你能，我也能。”

3.借助他人之口把拒绝的话说出口

如果自己不知道该如何拒绝，你可以借助他人之口把拒绝的暗示语说出口。比如利用公司或者上司的名义进行拒绝，“前几天董事长刚宣布过，不准任何顾客进仓库，我怎么能带你去呢”，或者说“这件事我做不了主，我会把你的要求向领导反映一下，好吗”。

4.通过语言暗示

一位男青年被女播音员优美动听的声音吸引，来信希望见一见播音员本人，对此，播音员在回信中说：“这位听众朋友，首先，我了解你的心情，感谢你的好意。你听过‘知人知面不知心’这句格言吧，看来，交朋友最难的是交心。那么，还是让我们做对知心的朋友吧！”通过语言暗示“拒绝”，而且拒绝方式极其婉转，回应了男青年提出的无理要求。

小贴士

我们可以通过语言来向对方暗示说“不”，拒绝也是一种艺术，这样既能达到巧妙拒绝的目的，又不至于让对方心里产生不快的情绪，这才是最高明的拒绝。在某些时候，我们不得不说“不”，当然，拒绝并不是以伤害他人为目的，而是以和为贵，尽量在保全双方面子的前提下进行的。

委婉拒绝别人的要求

其实，中国人受传统思想影响，他们在说话时大多时候是含蓄的、委婉的，即便是在拒绝别人的时候。不过，就算我们擅长于委婉说话，但在现实生活中，还是不乏一些口直心快的直爽人，对于这样性格的人，应该记住拒绝不要太直白，这样容易让对方心生怨恨。拒绝是一种艺术，既能巧妙达到拒绝的目的，又不至于让对方心里产生不快的情绪，这才是高明的拒绝。

拒绝是一门艺术，它最忌直接，而拒绝的最高境界是让你和对方都不至于陷入尴尬的境地。朋友以张大千的胡子开玩笑，甚至有些过分，张大千想制止对方，可是如果轻描淡写地说的话，恐怕对方会不以为然，声色俱厉的话，又会伤了朋友之间的和气。张大千这样一说，委婉地告诉对方，你们拿我的胡子开玩笑，我已经忍了这么长时间了，再这样下去，我可就不高兴了。意思传达了，大家自然知趣，不再提这个话题了。

1.换个说法

我们不建议用直接的拒绝方式，比如，这两种拒绝方式：“我不吃日本料理”“附近还有其他特色餐厅吗？我不太习惯吃日本料理”。前一句更像是一句带着刺的话语插进对方心里，典型的自我中心践踏了别人的一番好意；而后一句则委婉地表达了自己的想法，别人会更容易接受。

2.态度委婉而坚定

当我们开始说不的时候，态度必须是委婉而又坚定的。委婉地拒绝比直接说“不”更容易让人接受。比如，当同事提出的要求不合公司部门规定的时候，你可以委婉地告诉对方你的权限，自己真的是爱莫能助，如果耽误了工作，会对公司与自己产生冲击。

3.艺术性地拒绝

在日常生活中，我们需要拒绝，也要发挥女性特有的魅力，也就是需要说“不会让对方伤心的拒绝话”，艺术的拒绝方式让对方感受不到一点伤害，反而会理解你的处境。当别人对你有所求而你却办不到的时候，你不得不说“不”，当然，拒绝并不是以伤害他人为目的，而是以和为贵，尽可能在不影响两人关系的前提之下进行的。虽然拒绝是很难堪的，但在不得已的时候还是会用到拒绝，事实上，只要你能够很好地运用拒绝的艺术，它最终带来的并不是尴尬而是和气。

小贴士

通常而言，太过直白的拒绝往往是伤人的，不仅严重打击对方的积极性，而且还会令对方心生怨恨。拒绝，意味着否定了他人的意愿或行为，但太过直接，就会伤害到对方的自尊心。

拒绝也需要找好理由

人活在这个世界上，总会遇到一些这样的情况：自己的同窗好友或者同事，相处的时间长了，就会找自己帮忙。如果自己可以做到，那么应该尽自己全力去做，假如对方所提出的某些要求过分，自己办不到，或者说不是我们个人力所能及的，那就需要拒绝别人，而不是硬撑，导致结果很糟糕。

“不论什么事情只要交给小安，我就放心了。”小安进入公司两年，这是领导经常挂在嘴边的一句话。刚开始小安很高兴，但时间一天天过去了，领导交给自己的工作任务越来越多，小安经常听到这样的吩咐“小安，这个方案你负责一下”“小安，这个客户你去接待一下”“小安，这个项目人手不够，你也参与进来”。

小安手里的事情多得做不完，但身边的同事却有时间发呆，薪水却并不比自己少多少。小安心想，也许自己再忍忍就会有升职加薪的机会。但是，每次到了升职加薪的时候，机会总是从小安眼前溜过，到了别人的口袋里。后来，小安也从人事部的老同事嘴里得知，关于自己升职的事情，中层主管会已经讨论过很多次了，每次都被领导否决了，说小安虽然业务能力不错，但管理能力不足，需要再锻炼锻炼。这时老同事就会说：“你想想，如果你升职了，他上哪儿去找这么任劳任怨的下属呢？”

小安觉得，自己一定要想办法拒绝领导了，可是，该如何拒绝呢？这天，领导又开始吩咐：“小安，下班后先别急着走，有一个案子还需要你负责一下。”小安脱口而出：“不好意思，领导，今天我妈妈从老家过来了，就是五点半的火车，我得去接一下，您也知道，老年人嘛，手脚不太方便，我可不放心她跟那些身强力壮的人在火车站拥挤，而且我妈她也不认识路，我必须得去接她。”领导似乎很理解，挥挥手，说道：“行，那你早点回去吧，案子的事情我让别的同事负责。”

在案例中，小安找一个老掉牙的理由——接人，虽然，这算是一个好“台阶”，暂时不会被领导看出来，但下一次再接到领导“加班”的要求怎么办呢？如果领导意识到自己被下属欺骗了，那结果会更糟糕。对此，作为下属，一定要在拒绝领导时，找一个最恰当的理由，给领导一个更好的台阶下。

1.找个好理由给对方台阶下

其实，拒绝时给对方一个台阶下，也就是我们需要找个好理由。通常我们在拒绝时都会阐述一些理由，而这样的一些理由是充分而合理的，否则对方会感觉到你的不真诚。所以，在拒绝对方之前，需要给自己找好理由。一方面，如果没有好的理由就拒绝，明显会表现出“支支吾吾”的状态；另一方面，若是随便找的理由，不足以让对方理解，最终有可能会导致双方关系破裂。

2.明确说出自己的想法

当然，在拒绝过程中，拒绝对方要开诚布公，明确说出自己的理由。如果你在已经找好理由的情况下，还是采取模棱两可的说法，就会使对方摸不清你的真正意思，而产生一些不必要的误会，这也很容易导致两人关系破裂。

3.照顾其心理

当然，给对方一个台阶下，其背后的意思是需要照顾其心理，拒绝尽量在不伤害对方的前提下进行。所以，当我们拒绝的时候，不要只针对一个人，比如，面对推销员上门推销，你可以这样说“我们公司已经与某某公司签订了长期供给合同，公司里规定不用其他公司的原料，我也是按规矩办事”，由于你说的是以公司为单位，并不针对他这个人，他也不会埋怨你的，他自己也没受到多大的伤害。

4.在拒绝之前了解对方的想法

我们在说“不”之前，要让对方了解你之所以拒绝的苦衷和歉意，拒绝的语言要诚恳，语言要温和。当对方向你提出要求的时候，他们心中通常也有些困扰或担忧，所以，你在拒绝之前应该先倾听。对方把需要与处境讲清楚一些，你也才知道自己该如何帮他，而且，倾听能让对方有被尊重的感觉。当你在婉转地拒绝时，也能避免伤害到对方。

小贴士

生活中总是有很多人在处理诸如此类的问题感到很困惑，不知道该怎么办，明明知道这些事情办不好，但又害怕因此而伤害了彼此之间的友谊，而硬是答应下来。那么，如何才能不伤害对方呢？最有效的办法就是给对方一个台阶下，以此维护好对方的面子。

通过暗示来拒绝对方

在生活中，我们都不可避免地遇到需要拒绝的人或事，面对别人提出的不合理、不合适的要求或者自己不愿意去做的事情，这时需要我们说“不”。不过，拒绝的语言——“不”却是难以说出口的，这将预示着你对别人的意愿或行为进行一种否定，并在无形之中打击对方的自信心，甚至会给别人带来莫大的伤害。那如何才能将“不”说出口，却又能够达到拒绝的目的呢？

其实，我们是可以通过语言来向对方暗示说“不”，通过语言暗示将拒绝的信息传递给对方，让对方自行领会你的拒绝之意。这样拒绝的话不着痕迹地说出口，才是最高明的拒绝。

在某大型跨国公司的一次会议上，公司董事长拿出了一个为该公司的新产品设计的形象标志，征求大家意见。该标题的主题是旭日。董事长说：“这个旭日很像日本的国旗。日本人见了一定会乐于购买我们的产品。”营业部主任和广告部主任都极力恭维这个设计，但年轻的销售部主任说：“我不同意这个设计。这个设计和日本国旗很相似，日本人喜欢，然而，我们另一个重要市场是中国广大的消费者，他们也会联想到我们的国旗，就不会产生好感，就会不买我们的产品。这不是与本公司要扩张对华贸易营业计划相抵触吗？这显然是顾此失彼了。”“天啊！你的话高明极了！”董事长叫了起来。

拒绝是需要讲究技巧的，尤其是语言上的巧妙暗示，只有掌握了这些技巧，才会既不得罪人，又能让别人欣然接受。在拒绝的时候，我们需要考虑到对方的面子，而幽默地拒绝恰好可以巧妙地体现这一点，用幽默的方式来拒绝对方，让对方在毫无准备的大笑中失望。

拒绝的话一向都不好说，说得不好很容易扫了对方面子，或者让自己陷入尴尬情境之中。所以，我们在拒绝他人时，需要讲究策略，最关键的一点就是用语言暗示出自己的拒绝心理。

1.只可意会，不可言传

语言暗示，也就是不明说，而用含蓄的语言使人领会。当我们为了某种目的，在无对抗的条件下，通过交往中的语言，用含蓄、间接的方式表达出“拒绝”信息，使对方接受自己的意见或观点。

2.含蓄的语言

在日常交际中的一些场合，拒绝的话不便于直说，这时可以利用言语暗示来传递一些信息，暗示所采取的方式可以是含蓄的语言，但只要对方能够明白你所表达的意思，那就实现了我们的目的。实际上，暗示的拒绝比直言快语更能凸显出表达效果，因为它所表现出来的婉转曲折，总是给人以愉快的心情。

3.暗示的语言

通过语言暗示“拒绝”，这样的拒绝方式极其婉转，回应了对方提出的无理要求。有时候面对下属提出的建议，上司不忍拒绝，只好委婉地暗示“这个想法不错，只是目前条件还没有成熟，我觉得你应该把工作重心放在现阶段的主要工作上”。

4.诱导性暗示

身边的同事或朋友可能会向你打听一些绝密的事情，但原则问题要求你保密。这时候，你不妨采用诱导性暗示，诱导对方自我否定。比如，你可以对他说：“你能保密吗？”对方肯定回答：“能。”然后你再说：“你能，我也能。”

小贴士

在某些时候，一方面我们不得不拒绝，但另一方面我们却需要尽可能地不给对方带来伤害，也就是说，拒绝尽量会在保全双方面子的前提之下进行。实际上，一个人的心理是可以通过语言进行暗示的，当我们要想拒绝某个人的时候，不妨将这种心理通过语言传递给对方，有效地将拒绝的意味传递出去。

先肯定对方，给予其心理补偿

有时候，我们用“戴高帽”的方式，也可以达到巧妙拒绝对方的目的。通常情况下，一个人被拒绝之后，心理会产生落差，他会觉得自己的言语或行为遭受了否定，甚至会有一种被遗弃的感觉。在这时，他急需要一种愉悦的情绪进行弥补，填补内心的落差，如果你在拒绝对方之时，再加上几句对其赞美的话语，那将是非常完美的。

早上，熬了一个通宵的王女士还没起床，就被一阵敲门声吵醒了。她很不耐烦地起来，胡乱穿了一件睡衣就开了门，只见门外站着一个十七八岁年的女孩子，正犹豫着要不要继续敲门呢。王女士上下打量了对方一番，发现这个女孩子穿着随意的T恤牛仔裤，手提一个袋子，袋子封面上有“某某化妆品”的字样，一看这架势，应该就是上门促销的。

王女士有些不耐烦：“大清早的，怎么就上门推销东西了？”那女孩子态度很谦和：“不好意思，姐姐，打扰你了，我是某某公司……”“姐姐？”王女士看着邋遢的自己，好像还把自己看年轻了，那女孩子谦逊的态度，让王女士不好拒绝，但是她平时是最讨厌这种上门推销的业务员。她一边听那女孩子说产品，一边开始考虑到底怎么拒绝。

不一会儿，那女孩子就介绍完了产品，然后试探性地问：“姐姐，你平时用化妆品吗？”果然，马上就转到正题了，王女士摇摇头说：“我白天晚上这样忙，哪里有时间去护肤呢。不过，说实在的，我可是很羡慕像你这样年纪的女孩子，皮肤好，身材好，那可是我做梦都想回去的年纪，可惜已经回不去了。”女孩子害羞得红了脸，说道：“其实，姐姐看起来也很年轻的。”王女士笑了笑，说道：“像你这样的女孩子就是好，我的女儿也就你这般年纪，现在正在上大学，青春真是无限好，如果我女儿在家就好了，估计她会对你的化妆品感兴趣，可是怎么办呢，现在我女儿不在家，像我这样的老太婆，已经用不着了，下次我女儿回来了，一定欢迎你上门推销，好吗？”没想到这样一说，那女孩子一点也不泄气，反而很有礼貌地说：“不好意思，姐姐，打扰你了，再见！”说完，就告辞了。

在案例中，王女士想拒绝上门推销化妆品的女孩子，但看着对方谦和的态度，又不忍心拒绝，怎样拒绝才不至于让对方那么不难以接受呢？她打量了那个女孩子以后，发现对方跟自己女儿年龄差不多，于是，她先是赞赏了对方值得羡慕的年纪，这样“戴高帽”立即给对方带来好心情，然后再适时拒绝，这样的方式也令对方很容易就接受了。

1.让对方产生优越的感觉

“戴高帽”，其实就是赞美，或者说夸赞，将别人的地位无形之中抬高，让他有一种优越的感觉。而正是“戴高帽”所导致对方产生的优越感觉，会有效地弥补其遭受拒绝之后的落差心理。

2.人其实是容易满足的

人总是这样，当他重新拾回了一个苹果，即便是他已经丢失了一个橘子，但他内心却还是非常愉悦，他们总是着眼于自己眼前的东西，对于那些丢失的或者得不到的，他们总是容易满足的。因此，当我们不得不对他人所提出的要求进行拒绝的时候，即便这样的拒绝对于他人来说是难以接受的，但若是适时说几句好话，那定会给对方意想不到的惊喜。

3.先抬高对方，再拒绝

在生活中，虽然我们都知道拒绝是应该的行为，但同时我们都害怕拒绝别人，也害怕被人拒绝，无论是处于哪一方，都将会遭受消极情绪的折磨。在这样的情况下，为什么不能将拒绝变换一种方式呢？就好像本来一个平常无奇的三明治，突然中间多了许多美味的蔬菜，那该是多么大的惊喜。所以，在拒绝对方的时候，我们要善于用抬高的方式来拒绝别人。

小贴士

在这个世界上，每个人都渴望受到他人的赞同与认定，即便自己的某些要求被否决了，但自己的另外一些方面受到了别人的赞美，那何尝不是遭受拒绝之后的一种补偿呢？

别不好意思，有些拒绝是应该的

确实，对很多人而言，要想说出“不”，简直比登天还难。在日常交际中，对于别人提出的要求，很多人都有一个说不出“不”的心理。有时候甚至宁愿自己吃亏也不拒绝，这个是许多中国人的面子心理——不好意思拒绝。拒绝是一门学问，有些时候，我们本来想拒绝的，心里已经很不乐意了，不过却点了点头，碍于一时的情面，却给自己留下许久的委屈。所以，懂得拒绝至关重要，有利于提高我们的工作效率和生活质量。

面对接踵而来的要求，不好意思拒绝的结果通常是充满痛苦的：“我对每个人都那么好，从不拒绝他们的要求，不过他们却看成是理所当然的。”现在你可以审问一下自己：自己第一次是否没有拒绝对方的不合理要求？判断一下自己的善良到底到什么程度呢？是随时随地、任何时刻都不会拒绝别人的要求，毫无原则地照单全收，还是只对自己能力范围内的事情不好意思拒绝？假如是前者，那表示你已经陷入到一种十分严重的难堪境地。

有一个旅游团体参观解放军某部，参观完了之后，有一个团员求助随场的记者帮自己在不准照相的军事禁区里照一张相。这本来是军事禁区，怎么可以照相呢？

这个记者反应十分灵敏，立即对他说：“从感情和友谊上而言，我是十分乐意地帮助您。但是面对这个规章，我实在是无能为力。”没等这位记者说完，那个团员就马上打消了自己的要求。

在这个案例中，记者是一个非常聪明的人，他所采用的拒绝法也是极其明智的。这种先“是”后“非”的拒绝方法，与他们的愿望并不是完全对立的，所以在心理上容易被接受，同时也使自己巧妙地实现了自己的目的。

当我们学会适时地对他人说“不”，也就学会跟自己的快乐说“是”了。有人群的地方，就有交往；有交往，就免不了出现麻烦。在日常生活中，我们经常看到这样的人，他无理地向自己提出这种或那种要求，假如从情理和规范等方面而言，我们应该予以拒绝。但是，考虑到人情，考虑到彼此之间关系的束缚，考虑到全局利益的得失，又不好意思说“不”。

善于拒绝，是人际交往的一门艺术与科学。从某种意义上说，善于拒绝有时比欣然给予还重要。善于拒绝，体现了自己的气度，体现了自己的明智。只有善于拒绝，才能使自己处于进退自如的地步；只有善于拒绝，才使自己处于不败的地步；只有善于拒绝，才能使自己成为一个正直的人。

一位老王曾经批评过的下属，在过春节时与老王碰到了。当时，下属买了几斤羊肉和几斤羊骨头，他看到老王后，马上跑过来说：“这几斤羊骨头是我最喜欢煲汤喝的，今天送给你，作为我的春节拜年礼。”老王马上接着下属的话茬说：“这羊骨头既然是你最喜欢的，送给我实在太可惜了，还是你自己留着吧。”

老王这种顺水推舟的拒绝，显得非常有涵养，一方面达到了断然拒绝的目的；另一方面又不至于伤害对方的面子。当然，如果你实在不好意思拒绝，首先要微笑不语。在日常生活中，当对方向你提出某种不合理的要求时，你想拒绝又一时说不出理由，同时直接说“不”，估计对方一时接受不了。

1.为什么不好意思拒绝

如果你没办法拒绝别人，那原因是什么呢？这需要从源头上想解决办法。是想全方面地展现自己的能力，还是想争取这次机会？又或者是不想别人抢去自己的功劳？如果这些都不是理由，那应该是心理方面的原因，其实自己很想拒绝，却实在找不到很好的借口。尽管理由很充分，但自己脸皮太薄不好意思说出口。找到了原因，自然可以对症下药。

2.多考虑一下自己

有的人做事很少考虑到自己的利益，总会想到别人的需要，这就是出发点的问题。如果我们在拒绝时，也可以每件事都以自己的利益为出发点，在这样的基础上再去考虑其他人的感受，那自己就有足够的勇气去拒绝，甚至提出自己的要求。

3.信任对方的能力

答应对方的请求，是一厢情愿地认为对方确实没办法解决，所以才会向自己请求帮助吗？要明白，对方也有一定的能力，他不过是想偷懒而已。所以在拒绝时要信任对方的能力，然后将自己的想法原原本本地告诉他。

4.别委屈自己

长时间违背自己的意志，去做一些言不由衷的事情，这样的压力会在内心不断累积，甚至会伤害到自己的身体和心理健康，产生情绪效应，传染给自己身边的人，如夫妻、孩子、朋友。假如无法释放这些情绪，那自己的性格也会变得焦躁不安、易怒。所以，哪怕是为了自己的健康，也要把“不”说出口。

5.索取应有的报酬

如果实在无法拒绝，那就必须有权利意识，在不好意思拒绝的同时，索取应有的报酬。比如，有的职场新人在工作中承包了所有的工作，承担了所有的大事小事，而且做得很好，却没办法得到应有的回报。善良的人从来不思考责任与义务，也不好意思拒绝，所以在自己备受麻烦纠缠的时候，却无法摆脱焦躁的心理。

小贴士

假如不拒绝了，又使自己难为情。那么就微笑不语来解决这个问题吧，当对方把不合理的要求说完以后，回报给对方一个微笑。这个微笑，一方面可以缓和紧张的情绪，不至于对方难堪；另一方面又可以使自己免去言语不周而导致的许多麻烦。

不好意思拒绝，所以总是被麻烦

虽然，我们总是被教育学会与人分享，形成慷慨大方的品德，但是，任何事情都需要讲究一个“度”字。在人际交往中，如果我们总是担心伤害别人，不敢拒绝别人，这样的结果就有可能伤害了自己，令自己事事处于被动，有可能你永远会成为别人支配的对象，你永远只会听到这样的话语"某某，给我拿份文件""某某，给我倒杯茶"，等等，即便你内心满腹的不情愿，但只要你不懂得拒绝，那就只有咬牙坚持下去，直到把所有的事情都做完，在你没来得及松口气的时候，下一个你难以拒绝的请求又会出现了。长此以往，会让你整个工作和生活都充满一种被动的状态，你只能等待着被要求去做什么，而你自己是难以决定自己想做什么的。

小微是一个十分勤奋的年轻人，头脑聪明，热情助人，刚刚进入公司的时候，她就下定决心要从最基层做起，要成为所有人的好朋友。所以，公司里的事情，属于自己分内的，她会努力做好，不属于自己分内的，只要有人喊自己帮忙，她也会努力做好，慢慢地，她在同事之间赢得了一个"热心肠"的绰号。

小微感到十分满意，但是过了一段时间以后，她才发现：有些事情同事原本是自己可以做的，但他们总是让自己去帮忙，有些人的态度很随意，似乎吩咐小王是一件理所当然的事情，帮忙之后，最后连"谢谢"都懒得说，似乎让小微帮忙是给了她很大的面子。甚至有的人还将自己手头的工作交给小微去做，而自己竟然去做私活。

小微虽然心里不高兴，但又不好意思拒绝，更关键的是不懂得拒绝，结果自己的生活被那些事情弄得乱七八糟，整天忙得脚不沾地，工作非常被动，而且还经常出现小差错。小微感到很烦恼：自己热心帮助同事有错吗？为什么会让自己变得这样被动呢？

案例中，小微热心帮助同事并没有错，错在于她来者不拒，不懂拒绝。在生活中，帮助别人是应该的，但帮助别人应该建立在把自己工作做好的基础之上，当你自己的工作都还是一团糟，那你有什么能力去帮助别人呢？即便自己的工作已经做得很好了，面对他人提出的要求，自己也应该权衡一下，是否该帮忙，对于应该帮忙的，需要马上动手；而不应该帮忙的，则要懂得拒绝，这样才不至于走到像小王这样被动的地步。

我们都会有这样的感觉，对一个人说“是”很容易，说“不”却很困难，但是这个“不”字却很重要，不会拒绝他人的人，似乎总活在别人的世界里，他们是难以有所成就的，甚至有可能会掉进别人精心设计的陷阱里。比如，贪官在落马之后总会说自己收钱不是受贿，而是“我这个人脸皮薄，人家一再坚持给，我就不好意思推辞”，也许他是在为自己的贪欲找借口，也有可能是真的不懂得拒绝，但结果是被动之下成为了罪人。

1.别因不好意思陷入被动境地

喜剧大师卓别林曾经说：“学会说‘不’吧！那你的生活将会美好得多。”在生活中，我们并不是有求必应的好好先生或者好好小姐，而人们的要求却是永无止境的，有的是合理的要求，有的却是无理的要求。如果你不好意思说“不”，轻易承诺了自己无法兑现的诺言，势必给自己带来更大的困恼，同时也会让自己处于被动的境地，所以，学会拒绝，更需要掌握拒绝的技巧与秘诀。

2.有些情况必须拒绝

生活中，我们需要懂得拒绝，并懂得在什么样的情况说“不”。当对方的要求违背了我们做人的原则，甚至违反了道德和法律的时候，那就是该拒绝的时候，比如贿赂、吸毒、打架等违法犯罪行为，这样的情况下不懂得拒绝，被人左右，其实就是害人害己。

3.别高估自己

其中，最常见的，是别人的要求和自己的意愿或者计划相冲突，在自己不愿意的情况下，如果不懂得拒绝，那就是委屈了自己，让自己变得相当被动。最后，就是自己力所不及的情况，有时候明明是自己做不到的事情，就应该懂得拒绝，而不是打肿脸充胖子，不要高估自己，甚至作出一些超出能力范围内的承诺。

小贴士

不懂拒绝的人，虽然他给人的外在形象是一个“善良人”，但谁知道其内心的苦恼呢？也许，在每天回家以后，他都会躲在卫生间里哭泣甚至生气，但若是到了别人向自己提出要求的时候，他却又不懂拒绝了。

第7章

你要好意思求人，好风借力正扬帆

生活中，总有一些人在遇到困难的时候，总不好意思向人求助，一方面是因为害怕被拒绝；另一方面是说不出口。事实上，一个人在社会中是个体，仅凭一人之力难以成事，很多时候是需要求人帮忙的。求人办事，需要大胆走出去，做事才能成功。

别不好意思“搭讪”贵人

中国的传统观念认为成功者是离不开“贵人相助”的，因此，每个人都渴望生命中贵人的出现，因为贵人是他们通往成功的捷径。但是，大多数人并不知道，贵人有时候就隐藏在交际中的陌生人当中。很多时候，陌生人就是乔装而来的贵人，他在随时考验着你，我们要巧妙与之搭讪，拉近彼此之间的距离，这样我们才有可能获得贵人的帮助。

所谓的“搭讪”，也就是找个话题来跟对方打招呼，如果话题得当，那搭讪就成功了。反之，如果选择的话题不当，那反而会惹对方不高兴。所以，在交际中，与对方搭讪，我们要巧妙策划，势必赢得对方的好感。

1.以环境为话题搭讪

有时候女孩子可以谈周围的环境，自然就可以找到搭讪的话题。比如，当我们在一个候车室里，你审视了四周以后，开口说：“在候车室里可以看到人生百态。”这就是一句很好的搭讪语，这样会让对方产生交流下去的欲望。

2.以对方为搭讪话题

有时候我们可以以对方为搭讪话题，人们往往千方百计地想让别人注意自己，不过，大部分人只会关心自己。因此，以对方作为搭讪的开端，往往会令其产生好感，比如“你的衣服色泽搭配得真好”“你的发型很新潮”，就可以让彼此由生疏变得熟悉。

3.以提问作为搭讪

有时候，许多愉快的交谈都是由一个问题开始的，你可以问对方：“您每天的工作情况怎么样？”通常人们都会很热心地回答，而对于那些性格内向的贵人，不妨多提问，帮助对方把话题延续。

小贴士

在交际中，只要不是熟悉的人，都会怀着一份防卫心理，恰恰就是“防卫心理”成了我们与对方融洽沟通的城墙。所以，只有我们通过巧妙搭讪消除对方的防卫心理，贵人才能打开心扉，他才会用心听你说话。当然，打开贵人的心扉就是让对方产生一种信任感，这是很重要的，如果你说的话无法引起对方的兴趣，那对方就不会对我们产生信任感。

平时多联络，拉近朋友之间的距离

在日常生活中，许多人在办事时会抱着“有事有人，无事无人”的态度，需要帮忙的时候，就百般献殷勤；反之，如果不需要帮忙的时候，就装作不认识人。其实，有这样的心态是不恰当的，长久以往，所有的人都会远离你，你所能请求的只能是自己。

我们需要明白，朋友之间，平时应注重与对方“谈谈心”“喝喝茶”“吃吃饭”，互诉衷肠，一方面能增进彼此的感情；另一方面还有机会表现自己的关怀。在这样多次接触之后，对方一定会将你当作最知心的朋友，好朋友需要帮助，他们怎么能袖手旁观呢？

公司大会上，由于上个月的工作出现了差错，作为负责人的王姐被总经理当众批评了一顿。散会后，同事们纷纷都离开了会场，只留下王姐一个人在那里伤心抹泪，这位被同事公认的女强人不过也是一个柔弱的女子。

销售部的肖丽也留了下来，她坐到了王姐旁边，掏出包里的纸巾，双手递给王姐，安慰道：“王姐，你也不要气馁，你的能力大家都是知道的，这一次不过是意外，总经理说话也太狠了，一点都不顾及你也是一个女人。”一语道破了王姐的伤心处，脸上的眼泪掉得更欢了，肖丽拉着王姐的手，亲切地说：“你真的不要太伤心了，这样很伤身体的，你还要留着力气工作呢。”王姐点点头，搂着肖丽的肩膀哭了起来，不一会儿，在肖丽的开导下，王姐的情绪慢慢平复了下来。

渐渐地，肖丽成了王姐的知心朋友，每次王姐遇到了烦心事，总是会找肖丽倾诉一番，而肖丽总是能够真诚地给予安慰。对此，肖丽每每遇到工作上的难题，王姐总是主动帮忙，在这样的帮助下，肖丽工作越来越好，成为了销售部里一名出色的业务员。

为什么肖丽在工作上能够得到王姐的帮助？这并不是天上掉馅饼的美事，凡事都是有因果联系的。如果不是肖丽平日里多找王姐聊天，在话语中表达自己的关切之语，王姐怎么会信任她呢？其实，对于朋友之间的情谊，千万不能“临时抱佛脚”，没有平日的点滴关怀，哪来关键时刻的拔刀相助。所以，平日里要与朋友多谈心，增进感情，增加信任度，在聊天中适时表达自己的真切关怀，以真情打动对方，从而赢得朋友心。

1.互相倾诉

在日常应酬中，不仅仅是倾听朋友的哭诉，还需要诉说自己的一些事情，这样才能达到拉近心灵距离的目的。有的人只是心不在焉地听朋友说，结果，朋友说的是什么，他完全不知情。如果我们认真地听朋友诉说，那定会有一番自己的见解，比如类似经历的感想，说出自己的一些心理话，去安慰朋友，同时也安慰自己。这样反而会增进彼此的感情，因为这是一次心灵的交流。

2.专注、认真地倾听

与朋友的相处过程中，我们往往是用语言交流思想，用心沟通感情。朋友之间的沟通与交流不仅仅是语言，在很多时候，女孩们都很容易忽视了耳朵的作用，那就是认真地倾听。

面对朋友的倾诉，除了倾听之外，年轻女孩需要适时地重复朋友话语中的关键字眼。毕竟，倾听比说话更需要毅力和耐心，假如你只是埋头玩自己的手机，或者把头撇向一边，这样无疑会打击朋友的积极性，这样的安慰也宣告失败。因为只有听懂了朋友表达意思的人才能沟通得更好，倾听是说话的前提，先听懂朋友的心里话，再表达出自己的想法和观点，才能更好地安慰朋友，有效地倾听也可以拉近彼此的心灵距离。

小贴士

在生活中，我们经常会接到朋友带着哭腔的电话，他们一遍遍地描述自己在感情中受到的伤害，一遍遍倾诉自己的苦恼，这时候，我们所需要做的就是认真倾听。对朋友来说，倾听是一种交流，更是一种亲近的态度，同时，它更容易打动朋友的心，因为只有倾听才能真正地走进对方的心里。

人脉，最有价值的投资

每个人都希望拥有有价值的人脉资源，使自己在人际交往中寻求合适的位子，使自己在事业中寻求一份天地。殊不知，人脉也是需要投资的，特别需要长期的投资才会取得优厚的回报。做人做事都不可急功近利，对于人脉投资也是一样的道理，只有那些善于放长线的人，才能钓到大鱼。在我们身边，那些四通八达的人脉关系网更需要来自你爱心的浇灌，精心的梳理，细心的呵护，耐心的期待。

最佳的办法就是把人脉投资纳入自己长期的职业、事业规划之中，并逐步养成经营人脉的习惯。你可以把自己所拥有的不同层次的人脉资源进行分类，然后再进行长期的投资，或是定时的拜访、联系、聚会，或是在节假日以及对方特殊的日子里，进行亲切的问候、发信息祝福、寄上一份精致的礼物。尤其是对于那些关键的人脉资源，更需要增加见面、联系的次数，以便于与其建立亲密的关系。

其实，经营人脉也就是结识朋友，最重要的就是用心，千万不要抱着急于求成的态度，这样只会适得其反。人脉投资，很大程度上与养花有异曲同工之妙，都需要慢慢地浇水灌溉，细心呵护，耐心照顾，等到花季来了，自然有机会开花结果。所以，我们在进行人脉投资的时候，不必太过着急，“心急吃不了热豆腐”，只有付出你的真心，耐心地等待，自然会有一定的收获。人脉投资其实就是为自己办张“存折卡”，定期或不定期地向里面储存资源，使自己在人生的路途中拥有享不尽的人脉财富。

王小姐是一家小型广告公司的总经理，几年之前她认识了一位广告界的前辈。第一次见面，王小姐怀着无比崇敬的心情走到他身边，进行自我介绍，结果那位前辈从头到尾连正眼都没有瞧她一眼，听完了王小姐的自我介绍之后，只问了一句“你是什么学校毕业的”，之后才开始认真与她交换意见。虽然，前辈的态度相当傲慢，但王小姐还是要了他的名片，并在逢年过节的时候登门拜访。

后来，因为王小姐公司与他有业务上的往来，彼此才建立了一些交情。但那位前辈还是相当冷淡，洽谈中除了谈论业务不会涉及别的，但王小姐还是一如既往地拜访、打电话问候。没有过多久，那位前辈所在的公司因为资金亏损，精简员工，那位前辈也不幸在列。出现这样的情况，原本过去拜访需要预约的情况已经不再了，但王小姐还是视他为一位可敬的长辈，每隔三个月就专程登门拜访，并询问一些广告策划的事宜。

也许，那位前辈也感于王小姐那份真诚的情谊，敞开了心胸，对于一些业内的知识知无不言，使王小姐收获很大。慢慢地，他们成为了无话不谈的好朋友，成了忘年之交。

当我们在投资人脉的时候，不能太功利性，看见别人成功之时就一味讨好，而看见别人失意之际就对其不理不睬。带着极强的功利性进行人脉投资，这是交际中的一大忌，除非你不想拥有长期稳定的人脉关系网。其实，对于每一个人来说，在自己不得意的时候才是最需要朋友的，所以，尽可能地对那些得意的朋友维持基本的问候，而对于一些失意的朋友则多给予一些关心。

1.经营人脉圈子

美国人际关系大师卡耐基说：“一个人的成功，专业知识的作用占15%，而其余的85%则取决于人际关系。”只有你处理好了人际关系，才会拥有丰厚的人脉资源。如何来处理好自己的人际关系？那就需要进行长期的投资，细心地呵护，经营并维护好自己的人脉圈子，你就会离成功越来越近。

2.人脉需要长线投资

实际上，人脉的定义并不是跟某人吃过一顿饭或是交换名片就表示跟对方很熟悉，而是当你处于困难之际的时候，他愿意出手相助；当你需要被肯定的时候，他愿意为你美言几句。所以，良好的人脉关系是需要精心呵护的，是需要进行长期投资的，这样你才会获得丰厚的回报。

小贴士

从现在开始就把你的人脉投资纳入自己的长期职业、事业规划之中，为自己编织出稳固、长期的人脉资源关系网，不断地积累自己的人脉存折，使之变成你人生中一笔可观的财富。

借力省力，顺势而为

从小我们就被教育要个人奋斗，自己的事情需要自己去做，不要把希望放在别人的身上，凡事都是自力更生。虽然，这么多年以来，我们从来没有否定个人奋斗的重要性，但当我们个人付出了很多的努力却难以得到回报的时候，就难免会产生一种忧闷的情绪，甚至灰心丧气、一蹶不振、自暴自弃。

实际上，假如我们从另外一个角度去想，想想如何借力行事，从而永远保持着积极向上的心态，这无疑是一条通往成功之路的蹊径。当然，这样的借力行事，并不是说我们完全摒弃了个人奋斗，任何事情都需要依靠外力来帮忙。真正的借力行事，就是在我们原有的努力基础之上，巧妙外借他人之力，顺应天势，以此来达到我们所想要的结果，这就是人生中的大智慧。

荀子在《劝学》中就说道："假舆马者，非利足也，而至千里；假舟楫者，非能水也，而绝江河。君子生非异也，善假于物也。"寥寥数语就道出了人生的大智慧，君子其实与其他人并没有大的差别，就是因为他们善于借助和利用外物而已，这就是一种善于借助外力的大智慧。因为一个人的能力往往是有限的，你就必须借助外界的力量来达成自己的目的，借他人之力来促使自己成功。

1.善于借力

在我们现实生活中，一个人要想成就一番事业，仅仅凭他单枪匹马是不足以获得成功的，或多或少都会依靠外来的力量，比如地位、名望、财富或者权力，否则他就会显得举步维艰。比尔·盖茨曾经说：“一个善于借助他人力量的企业家，应该说是一个聪明的企业家，在办事的过程中善于借助他人力量的人也是一个聪明的人。”

2.别不好意思求人

无数的例子告诉我们，借力行事成为通往成功之路的法宝。我们一个人的力量毕竟是有限的，而你要想在人生的道路上获得成功，除了靠自己的努力奋斗之外，有时候还需要借助他人的力量，就像是三月里的风筝，凭借好风力，才得以望尽大好河山。所以，在必要的时候，我们要放下“一意孤行”的固执，而善于借助外力来获得成功。

3.借力能省力

自古以来人们就讲究“天时、地利、人和”，方能成就大事。实际上，这都是借外力而为，顺势成事才是真正的大智慧。所以，当我们直接向前行却难以取得大的成就的时候，不要太过坚持，借力行事，顺势而为之，必将成大事。

小贴士

因此，在人生的路途中，当你觉得一个劲儿地向前冲并不能为自己解决问题时，就要学会求人，一个人横冲直撞并不能成功，必须借助他人的力量来增强自己的力量。孙中山曾说过：“世界潮流，浩浩汤汤，顺之者昌，逆之者亡。”世间的任何事物都有其规律可循，是有顺势而为，才能事半功倍，即使是伟人，他们也不能逆势而为。

善于与优秀的人为伍

在日常生活中，我们发现：同样的蔬菜在不同的水中浸泡一段时间后，将它们分开煮，其味道是不一样的。这就是著名的泡菜效应，通过这样的原理，我们可以知道，一个人在不同的环境里，由于长期的耳濡目染，其性格、气质、素质和思维的方式等方面都会有明显的差别，这就是我们常说的“近朱者赤，近墨者黑”。

泡菜效应，直接揭示了环境对人成长的重要性。1979年诺贝尔物理奖获得者温伯格曾说过：“我之所以获奖，是因为我们学校有一种人才共生效应。”经过调查发现，原来温伯格所毕业的那一届有十多个人都成为了美国著名的物理学家。对此，温伯格坦言是学校的环境造就了自己的成功：“那时学校教物理的老师都特别棒，鼓励我们自由思考，作业很少，让我们学有余地，当时学校还有个科幻俱乐部，我们都是俱乐部的积极分子。”

古人曰：“近朱者赤，近墨者黑。”当我们接近品性好的人时，可以使我们学好，心中不自觉地萌发出见贤思齐的想法；当我们接近品性坏的人，就很容易变坏。我们生活的环境就像是一个大染缸，很容易将形形色色的人同化在其中。

那么，对于那些优秀的同事拍档，我们该如何对待呢？

1.有合作的精神

即使自己再优秀，也不要认为自己无所不能，就办公室琐碎的事情来说，哪怕是复印文件也需要文员帮忙。所以，对于优秀的对方，必须树立合作精神，就好像对待人生中的另一半一样对待他人。

2.多与对方交流

虽然是拍档，但两个人的知识、能力、经历造成了彼此对同一件事不同的看法。那么，沟通是协调的开始，对他人要坦诚自己的想法，听听对方的想法，可以经常说“关于这件事，你怎么看”。

3.保持友善的态度

或许你已经很优秀，甚至认为自己一个人的力量也可以解决眼前的工作。不过依然不要那么嚣张，毕竟未来那么多工作任务，你并非能全部完成，所以对自己的拍档还是友善对待吧。

小贴士

当我们处于修心重德的环境中，我们就会受到身边人的言行教化，自觉地约束自己，使自己的身心都得到不断的长进；相反，假如我们处在道德颓废的环境中，我们就会受到身边消极观念的影响，随波逐流。因此，要想认清自己，有效地提升自我，我们应该选择一个良好的环境，这样我们的心灵才能够得到升华。

善于合作，借助同事的力量

当双方有共同利益的时候，人们往往会优先选择竞争，而不是选择对双方都有利的合作。这样的现象，被心理学家称为“竞争优势效应”。任何人在这个世界都不是孤立存在的，都要与周围的人发生各种各样的关系。作为员工，需要与同事一起工作，共同完成工作任务，这就是合作。无论你从事什么职业，也不论你在哪里，都离不开与别人的合作。对此，作为员工，在工作中要学会合作，彼此互相配合，才能把工作做好。工作中许多事物，只有通过与人合作才能完成，一个人若是学会了与人合作，也就获得了打开成功之门的钥匙。

常言道：“小合作有小成就，大合作有大成就，不合作就很难有什么成就。”当然，在工作中，成功的合作不仅需要有统一的目标，尽力做好分内的事情，而且，还要心中想着别人，心中想着团体，并有一定的自我牺牲精神。员工需要养成良好的合作习惯，这关系到你的职业前途，学会与人合作，不仅可以弥足自己的不足，还能够形成一种合力。

一盘散沙，尽管它金黄发亮，但没有太大的作用，但是如果与水泥结合在一起，就能够盖成高楼大厦。一个人的力量犹如沙粒，只要我们学会与人合作，就会起到意想不到的变化，说不定，你就成为了不可思议的有用之才。

学会与人合作，并掌握这种才能，才能使自己不断地进步。当然，并不是所有的人都能有效地与人合作，往往那些善于团结的人，能引导其他人进行合作，或许引导他们团结在自己身边，共同完成一件工作。

合作的原则是“以诚相待”，既然彼此是合作伙伴，如同一条线上拴的两个蚱蜢，一损俱损，一荣俱荣，如此团结一致，才能达到合作的最终目的。

同样的条件，为什么有的人把它变成了天堂，而另外一些人却将它变成了地狱。关键在于，你是否学会了合作，你所选择的是共同幸福还是独自霸占着利益。在日常工作中，需要我们与同事合作的机会很多，可能，在合作的过程中会出现一些分歧，产生一些矛盾，但既然已经成为合作伙伴，那就要珍惜彼此间的合作机会，致力将合作推向成功，这样，你的工作才会越做越好。

那么，在现实生活中如何提高与同事之间的合作呢？

1.默契比利益重要

有工作的地方就有竞争，如果想与同事之间形成协同合作能力，就需要将利益放在第一位，因为有了默契，才能共同创造利益。

2.生活上也可以帮助对方

虽然是同事，但也可以成为生活中不错的朋友。当同事在生活中有什么困难，需要及时伸出援助之手，让对方感受自己的真诚。

3.偶尔的争议不要放在心上

同事之间难免因为工作的事情争得面红耳赤，这是再正常不过的事情。不过，对于同事不要把这些琐碎的争吵放在心上，毕竟是为了工作，所以没必要记在心底。

小贴士

员工需要懂得合作，如果你尚羽翼未丰，就需要加入成功的团体，在合作中学习。合作是需要一定的自我牺牲精神的，因为合作的目的是通过大家的共同努力，获得共同的成功，如果你只是自私地想自己成功，而不顾及别人，这样就没人愿意与你合作。

常拜冷庙，多雪中送炭

在人的一生中，总不能一帆风顺，有人会得疾病，有人会失去亲人，有人会事业受挫……

可是，在日常生活中，我们却常常看到这样的场景，某人升了高官，送礼办事的人络绎不绝，一旦此人陷入了困难期，送礼的人则少之又少。虽然，我们不能否认礼物带来的利益关系，但是，在他人落难之际，如果你还能伸出援助之手，或者适当送一些礼物，对方会将这份感激之情埋藏在心里。这份感激之情是强烈的，它比在对方飞黄腾达之际所送的礼物产生的感激更强烈，有可能大家都在送礼的时候，你也在送礼，对方不一定能记住你。但是，对方在落难的时候，大家已经没有送礼了，你还在送礼，那么，他就一定能记住你。所以，办事送礼，千万不要错过雪中送炭的机遇，这样才更容易打动对方。

最近，李女士为办事伤透了脑筋，自己已经往总社那些跑了上百次，可是，对方老总就是不肯答应。而且，李女士先后托人送了许多礼品，那位老总也就是不接受。李女士心想：这位老总真难对付。

有一天，李女士发现老总没上班，通过朋友打听，原来老总生病了，而且，秘书也没上班。李女士心想：老总到底是什么病呢？她都已经四十了，干脆就先给她买一些保健品吧，可以美容，对身体健康也有帮助。李女士找了好几家医院，终于找到了老总，一进病房，李女士就看到了守候在旁边的秘书，躺在病床上的老总，脸色苍白，早已经不见昔日的严肃与魄力。李女士拿出了买好的礼品，对秘书说：“天都快黑了，你也守了一天了，该累了吧，要不，你先回家吧，晚上我在这里守着。”秘书推辞了一会儿，但还是点点头，离开了。

在后面的三天里，李女士精心陪护老总，说些安慰的话，老总听了十分感激。过了几天，老总出院了，这时，李女士又带了一些礼品去看望她，就这样，老总十分爽快地答应了李女士的请求。

在日常交际中，有的人总感觉自己没有与上司增加感情的机会，如果凭着节日送点礼物，这样的行为显得太俗、太假，不容易打动对方。于是，许多人都利用对方生病之时送礼，这样效果更佳。从某种程度上说，在生病之时送礼，有多方面的好处；病中送礼，犹如“雪中送炭”，对方一定会万分感激，而且，对你的印象也十分深刻；探病送礼，这是光明正大的行为，不会有行贿之嫌。这样一来，对以后的办事是很有益处的。

前不久，王先生踌躇满志地策划了一幕戏剧，投入了大部分资金作为启动资金，那个作品就像是自己的孩子一样，积聚了王先生无数的心血。可是，谁也没有想到，从创作、一手筹备、策划、彩排，眼看着就快要公演了，可是，投资方却突然撤资了。公司的所有工作陷入了困境，王先生整日沉浸在痛苦中，原来因为自己执意从事戏剧工作，前几年已经欠下了千万元的账款，这次好不容易找到了肯投资的公司，准备打个漂亮的翻身仗。却没有想到不知投资方在哪里了解到自己的经济状况，而选择了撤资，这对于王先生简直是毁灭性的打击。

他整天无心回家，每天见许多的公司以及合作人，都没有人愿意向自己的作品投资。虽然，他也有很多生意上的朋友，但在看到王先生这样的落魄境地，许多人都选择了逃避。这让王先生看破了人与人之间的关系，几度绝望的他几乎都要放弃了，这时候，李先生却来了。李先生只是一位商人，他和王先生是有着几面之缘的朋友，他并不懂得戏剧文化，但了解到王先生的状况，也很佩服王先生的创作才能，所以，他决定对王先生公司进行无偿投资。

因为资金的及时到位，王先生的作品被如愿搬上了大舞台，并取得了巨大的成功。在庆功宴上，王先生举起酒杯向李先生敬酒："你是我这辈子的恩人，我是不会忘记你的，这次真的要谢谢你。"李先生颔首微笑，并没有说话，之后，两人成了无话不说的朋友。

后来，李先生的公司遭遇了金融危机，大部分资金流失，成了泡沫。公司就快要倒闭了，这时候事业有了起色的王先生送来了大笔资金，使李先生的公司起死回生。经过这样戏剧性的波折，李先生和王先生成了好朋友，也成了生意上的合作伙伴。

在上面的案例中，李先生的"礼"确实很大，虽然，在现实生活中，有很少的人愿意去送这样一份"大礼"。但是，李先生的经历告诉我们"雪中送炭者得厚报"，当别人落难的时候，我们更应该以"礼"相待，帮助对方摆脱困境。以后，他一定会把你当作恩人，而且，如果你在某些方面需要得到他的帮助，他定然是义不容辞。所以，送礼要选择恰当的时机，尤其是不要错过雪中送炭的机会，如此才能打动人心，达到办事成功的目的。

1.在对方最落魄时送去帮助

要知道，一个人最需要帮助的时候，其实也就是他最落魄的时候。听说，在日本有一家名不见经传的小旅馆，可就是这家名不见经传的小旅馆的老板，全日本政界的高官没有一个他不认识的。所有人都很好奇，问他怎么会有这么大的本事。没想到，这位老板回答说，我结识这些人都是在他们当官发迹之前，都是在他们默默无闻的时期，那个时候他们需要朋友，也很容易建立关系，所以现在才会这么熟悉。

2.烧冷灶，多结交落难朋友

俗话说：“人情冷暖，世态炎凉。”趁自己有能力时，多结交些潦倒英雄，使之能为己而用，这样的发展才会无穷。平时不屑往冷庙上香，临到头再来抱佛脚也来不及了。一般人总以为冷庙的菩萨不灵，所以才成为冷庙。其实英雄落难，壮士潦倒，都是常见的事。只要一朝交泰，风云际会，仍是会一飞冲天、一鸣惊人的。

小贴士

其实，当对方陷于人生不幸的时候，却是我们送礼的大好时机，因为对于陷入困境的人来说，礼轻情意重，哪怕是一件微不足道的小礼物，他们也会永记在心，甚至愿意用一生来偿还这份感激之情。

第8章

你要好意思“圆滑”，曲径能通幽

那些不好意思的人，大多是老实人，不懂得恭维、不懂送礼、不善言辞。其实，在生活与工作中，我们没有那么多不好意思，做人需要圆滑一些，融入社交圈子里，曲径能通幽，做事更容易成。

适时赞美，满足对方心理需求

心理学家认为：“人类本质中最殷切的需求是：渴望被肯定。”在生活中，被人赞美是一件令人喜悦的事情，恰如其分的赞美，能使人感受到人际间的理解和温馨，能够打动他人，有效地增进赞美者与被赞美者之间的心灵交流。一个人若是学会了赞美，往往使他能够受益无穷。

在日常交际中，我们经常感受到赞美的魔力，不仅能打动他人，也使自己获得了友情和帮助。人总是对自己最感兴趣、认为自己最重要，希望被人赞美，那么，在与他人的交往过程中，我们应该遵循一个原则：尊重他人，肯定他人，并真诚地赞美他人。

这天，公司的职员小路心情特别好，她觉得公司特别温馨，觉得每个同事都很可爱，甚至，她主动承担了上司布置下来的工作任务。可能她自己都说不清楚这到底是为了什么，这不仅仅是因为她今天穿了新的裙子，更因为她在刚走进公司门口的时候碰到了同事小娜，虽然，她们平时话不多，但是，小娜看见穿着新裙子的小路，脱口就说：“哇，你的裙子真漂亮！款式很适合你。”可能，小娜也没想到自己一句最普通的赞美，会给小路带来好心情。

对于漂亮的女同事，就需要赞美其装扮，因为漂亮的外表是她们最在意的部分。小娜如此有针对性的赞美，自然会打动小路的心，而且，还给小路带来了一天的好心情。一般情况下，太笼统、太宽泛的赞美会给人一种虚情假意的感觉，而有针对性的赞美能让对方感觉到你是发自内心的赞美，当然，这样的赞美能很好地打动对方。

不过，就赞美而言，也是需要一定的技巧的。我们对他人的赞美不能太笼统，而是需要针对性。在生活中，我们经常听到"你这个人真是太好了"，虽然，这听上去就是一句赞美的话语，但是，具体好在哪里呢？赞美者却没能说清楚，给人一种虚假的赞美，如此的赞美，不仅不能打动人心，反而令人生厌。

那么，如何能做到具体的赞美呢？

1.赞美对方的某个动作或行为

在生活中，泛泛的赞美很快就让我们词穷了，除了"真好，真棒，你是最棒的"，超不过10个词，然后就没什么可说了。对于每个时刻来说，怎么才能做到有针对性地赞美他人呢？其实，我们很有感触，比如，如果你见到一个人，不说你漂亮，而是说"今天的发型让你神采奕奕"，这样，对方是不是会更高兴呢？因此，那些空泛的赞美不如说出最让你满意的某个动作或者行为。

2.针对不同类型的人

在赞美他人的时候，我们还需要针对不同类型的人作出恰当的赞美。比如，见到一个孩子，你不能说潇洒，而是聪明、可爱、懂事；见到女人，就应该赞美其漂亮；见到男人就应该赞美其潇洒帅气。如果你对他们没有针对性的赞美，对方定会觉得你是虚情假意，又怎会被你打动呢？

小贴士

因此，在赞美他人的同时，我们需要有针对性地赞美，比如，对男人你可以夸他帅气，对漂亮的女人你可以赞美她的打扮，对一个母亲你可以赞美她的孩子可爱，对上司你可以夸奖他的领导力。

想要改变对方时，不妨适时赞美

卡耐基曾说过：“当我们想要改变别人时，为什么不用赞美来代替责备呢？纵然部属只有一点点进步，我们也应该赞美他，因为，那才能激励别人不断地改进自己。”赞美他人，绝对算得上是一件好事，但绝不是一件容易的事。我们在赞美别人的时候，需要审时度势，还需要掌握一些方法，否则，即使你是真诚的，也会将好事变成坏事。

不同的人在赞美别人的时候，会用到不同的方法：有的人喜欢采纳直接的赞美方式，“你真是太漂亮了”；有的人喜欢使用比较意外的方式，“今天的菜格外美味，你的厨艺越来越好了”；有的人喜欢背着别人的面赞美他人，等到这话传到了当事人的耳朵里，却没想到效果是出奇的好。

小王在与同事聊天的时候，随意说了几句上司的好话：“张经理这个人真不错，处事比较公正，我来公司一年多了，他在各方面对我的帮助都挺大的，能够有这样的上司，真是我的幸运。”没过多久，这几句话就传到张经理的耳朵里，令经理心中既欣慰又感动，就连那位同事在向经理传达这些话的时候，都忍不住夸赞一番：“小王这人真不错，心胸开阔，难得啊。”

年底分发奖金的时候，小王觉得自己这一年表现很不错，想争取一下。对此，他敲开了张经理的门，经理满脸热情：“小王，有什么事吗？”小王有些不好意思：“张经理，又来麻烦您，真是不好意思，那个年底奖金的时候，我想争取一下，您看我合格不？”张经理笑了起来：“这事啊，好说，我早就觉得你小伙子不错，放心，这件事我一定放在心里。”

有时候，在背后说人家的好话，赞美几句的功效比当面说似乎更有效果，小王那看似随意的几句话却是有意策划的，这样，自己在张经理心中的形象一下子就提高了，办事自然就容易多了。其实，背后赞美他人比当面恭维的效果好得多，如果当面赞美，有可能会被认为这是拍马屁，同时，对方脸上也会挂不住，会觉得赞美不够真诚。那么，趁着对方不在场的时候，赞美几句，总有一天，这话会传到对方耳朵里，对方心里自然是美滋滋的，这样一来，打动人心的目的也达到了。

有记者曾问史考伯：“你的老板为什么愿意一年付你超过100万的薪金，你到底有什么本事？”史考伯回答说：“我对钢铁懂得并不多，我的最大本事是我能使员工鼓舞起来，而鼓舞员工的最好方法，就是表现真诚的赞赏和鼓励。”原来，史考伯就是凭着赞美他人，而达到了年薪100万的高薪。不难想象，史考伯先生一定是精通了赞美的方法，否则，怎么能将赞美发挥出那样大的作用呢？下面，我们就列举几种简单的方法，以供你参考借鉴。

1.出人意料的赞美

赞美来得比较突然，也会令人惊喜。比如，丈夫下班回家后，见妻子已经摆好了饭菜，不妨称赞妻子几句，妻子本来看似应该的行为，却受到了丈夫的赞美，作为妻子来说，心情是愉悦的。而且，在生活中，如果你赞美的内容出乎意料，也会打动对方的。

2.直接的赞美方法

在生活中，我们常见的赞美方法就是直接赞美，比如下属与上司、老师对学生、长辈对晚辈，等等，这样直接的赞美方法比较及时、直接，能够很好地鼓舞他人。如果你发现了对方身上有什么特点，不妨直接告诉他“你最近工作业绩不错，快破了上个月的销售纪录了，继续努力”。

3.夸张的赞美方法

夸张的赞美方法又称为激情的赞美方法，拿破仑曾这样赞美他的妻子：“从来没有哪个女人像你这样受到如此忠贞、如此火热、如此情意缠绵的爱。”在这里，赞美可以使你获得爱情，同时还可以缓和矛盾。那些无法掩饰的赞美之情，使得我们的另一半十分受用和满足。

4.间接的赞美方法

有直接的赞美方法，就有间接的赞美方法。在日常生活中，如果我们想赞美一个人，不便当面说出或没有适当的机会向他说出的时候，你可以在他的朋友或家人面前，适当地赞美一番，而且，这样赞美收到的效果将会更好。比如，当着下属的面赞美另一位员工“我觉得小王挺不错的，工作很认真，踏实能干，我很欣赏他”，等到这些话传到了员工耳朵里，他肯定会加倍努力工作来表达内心的感激。

小贴士

如何才能使赞美发挥出应有的效果，如何才能通过赞美来打动他人，这就需要我们在赞美他人时讲究一定的方法，方法对了，赞美的效果就会出来了，那时，你还会担心打动不了人心吗？

宴请他人时别忘了这些礼数

俗话说："民以食为天。"在日常生活中，我们的见面寒暄也变成了："吃饭了吗？"于是，求人办事，请客吃饭，这似乎成了人们生活中最普遍的事情。那么，宴请是求人办事最常用的一种手段，恰当的宴请可以为办事顺利和成功创造有利条件、奠定基础。

小张是一个胸怀大志的年轻人，他很想自己开一家公司，但是，所有的都已经筹备好了，却出现了资金不足的问题。他想了想，自己朋友的父亲是一家大型公司的董事长，手里肯定有闲散的资金，如果能得到他的帮忙，公司一定没问题。可是，怎么样才能让他帮忙呢？小张无意中得知朋友的父亲喜欢吃海鲜，于是，小张找了一家海鲜馆宴请朋友的父亲。不料在这时，小张从朋友嘴里得知，这位朋友的父亲一般是不轻易赴宴的，这可怎么办呢？

小张思前想后，终于想到了一个办法。在一个星期天，小张很早就给朋友打了个电话，得知其父亲周末在家休息。于是，在上午十点钟左右，小张来到朋友家，当着朋友父亲的面说："前不久，我投资的一个项目赚了一笔钱，想请你吃海鲜。”这时，小张看着坐在旁边的朋友的父亲，说道：“叔叔也去吧，反正你也是在家休息。”结果，很顺利地就把朋友的父亲请到了饭店。

在酒桌上，小张和朋友聊起了生意，并说出了自己目前所遇到的困难，希望有人能够帮助自己。没想到，过了几天，朋友就打电话告诉小张，说自己的父亲打算帮助他办公司。

小张之所以能得到朋友父亲的帮助，主要在于“借花献佛”的邀请方式，否则，开门见山地邀请，事情肯定不会变得那么容易了。通常情况下，大多数人都是开门见山：“喂，某某吗？我们现在在酒楼吃饭，过来认识几个朋友吧，我们等你来啊。”太过于直接，难免会令他人心里产生防备，他会以各种理由来婉拒你的好意。既然对方不赴宴，办事也就难了。所以，在办事的时候，我们要学会请客的礼数，让对方主动“入瓮”。

小林刚刚大学毕业，初入职场的他和办公室里的老同事总有些相处不融洽，就连上司都忍不住说：“这个小子真够木讷的！”在办公室里，其他与自己同进公司的同事总是能够找到各种理由请客，将那些老同事哄得服服帖帖的，办什么事情都容易。可是，小林没能找到请客的理由，工作上办什么事情都显得特别难。

小林为寻找合适的理由想了又想，自己既没有女朋友，而生日还有很长时间，自己实在找不到可以请客的理由，又怕没有理由的请客，会有拍马屁之嫌。这天，小林在公司外面吃饭，无意之间，看到对方有一个福利彩票销售点，许多人正在那里排队买彩票，小林灵光闪现，想到了一个好办法。

从这天开始，小林就开始买彩票，同时，还有意或无意地将彩票放在办公桌上。于是，小李买彩票的消息同事们都知道了，而且，办公室还专门针对彩票这事议论了好一阵子。有一天早上，小林向同事们宣布：“我中奖了，2000元，今天下班，我请客。”于是，下班后，同事和上司都被请进了饭店，酒足饭饱之后，小林感到自己与那些同事之间的矛盾已经没有了。后来，小林就经常找些理由请同事吃饭，而自己在工作上遇到困难的时候，上司和同事也及时伸出援助之手。

由此可见，在宴请别人的时候，我们需要找一个好的理由，理由好了，才能让对方欣然赴宴，办事才会有希望。

1.请客要委婉

宴请要学会委婉，以其他各种理由宴请对方，先把对方请到饭局中，再说请求之事，这样办事就比较容易一点。当然，你所选择的宴请方式必须是合情合理的，这样才能达到办事成功的目的。

2.采用“喧宾夺主”的宴请方式

你可以采用“喧宾夺主”的宴请方式，事先了解对方所在的环境以及饮食喜好，再发出邀请：“某某，中午有空吗？一起吃饭好吗？我在你这边发现了一家好吃的烤肉店，你走路几分钟就到了，你快来吧。”这样发出去的邀请，对方就很难拒绝了，自然会主动“入瓮”，你有了接近对方的机会，办事就不用愁了。所以，求人办事，还得学会宴请的礼数，巧妙设计，令对方不好拒绝，达到自己的预期目的。

小贴士

当然，宴请看起来很简单，其实在这其中也大有学问，因为有的人不喜欢赴宴，他们总认为"吃人家嘴短、拿人家手短"，自己若是答应赴约，将意味着欠下人情，所以，面对宴请，大多数会选择拒绝。那么，如何不好拒绝呢？这就需要我们熟知宴请的礼数以及其中的奥妙之处。

礼到人心暖，无礼讨人嫌

在日常生活中，我们常说"礼多人不怪"，在送礼之风越来越盛行的现代社会，拜访朋友带点礼物，看望老人买点补品，逢年过节更是礼不断。在这样的大趋势下，如果我们在办事时空着手，什么都不表示，办事也就无从下手。其实，在反复送礼、回礼的过程中，你会发现礼物让彼此之间的距离更近了，那么，办事自然也就容易多了。喜欢足球比赛的人都知道，在比赛开始之前，两队的队长都会交换礼物和队旗，说上两句好话才开始比赛。其中交换礼物和队旗，这既是彼此之间的尊重，同时也是连接友谊的纽带。如果在足球场上发生了不和谐的事情，双方队长也会因为前面的赠礼环节而酌情处理。由此可见，送礼已经成为一种最有效的办事手段之一。

王小姐在业务部待了三年了，奔波劳累的生活令她十分疲倦，更令自己感到烦躁的是，现在的客户越来越刁钻，往往是说得嘴巴都麻木了，可对方还是不为所动。这不，她又被公司派遣到一家公司当说客，希望能够签下一份合同。王小姐疲惫地对上司说：“我会尽力的！”可是，谁知道结果呢？她又在心中补充了一句。

在公司门口等了大半天，王小姐才得以见到了那位老总，一见面，王小姐觉得对方很面熟，想不起在哪里见过。她摇了摇头，人家可是公司老总，怎么会认识我呢？在言谈中，那位自称是张总的女士十分亲热，在了解了相关产品之后，她就主动拿出一份合同，双方拟定了条件，签下了那份合约。王小姐十分惊讶，没想到这么快就摆平了。会谈后，张总说：“快到中午了，咱们一起吃个饭吧。”王小姐有些受宠若惊，但还是答应了。

席间，张总微笑着说：“王娜，你认不出我来了？”王小姐十分惊讶：“啊？你怎么认识我？”张总回答说：“我是张婷啊，高中的时候，咱们是同桌，你刚一进办公室，我就认出你来了。”“张婷？”王小姐脑海中浮现出一个农村女孩的样子，可是，这变化也太大了，张总继续说：“我记得在高中的时候，你对我特别好，我是一个穷孩子，你却经常送我文具啊、书本啊那些礼物，当时，我就暗暗下决心，长大了要好好报答你。没想到，还真遇见了你，你还在跑业务吗？我公司正想招一个办公室主任，要不，你来我这里上班吧。”王小姐有些愣住了，没想到多年以前送出的礼物，今天收到了丰厚的回报。

因为礼物而积攒下来的人情是宝贵而珍惜的，这样的一份人情在办事时能够助我们一臂之力。的确，那些很多年以前送出的礼物，也同样会勾起对方的回忆，在某一天，它将以丰厚的回报来到我们身边。礼物，能增进彼此之间的感情，同时，能为我们办事成功赢得几分概率。

1.“礼”和“利”

在现代社会中，“礼”和“利”是相连在一起的，往往是“利”“礼”相关，先“礼”后“利”，有了“礼”才有“利”。而且，礼物在很大程度上可以为我们投资人情。所以，要想办成大事，我们要善于送礼，多投资人情，建立强大的关系网，那么，办事也就不费劲了。

2.礼能敲开“心门”

有人将礼物作为“敲门砖”，的确，这样一块敲门砖不仅能够敲开对方的门，还能敲开对方的心。更为重要的是，礼物可以帮助我们投资更多的人情，办事时若是带上些礼物，那么，办事自然就能成功。所以，在生活中，我们要善于送礼，掌握送礼的技巧与方法，多投资人情，为自己办事铺平道路。

小贴士

在礼物的不断流动中，我们可以看到，陌生人变成了熟人，熟人变成了朋友。在日常交际中，人与人之间来往的频繁度往往决定了两个人的感情距离的远近程度，而礼物本身就是用来增加彼此之间的往来频率。

说话有礼，别不好意思说谢谢

许多人善于言谈，却不是那么会说话，不好意思说谢谢，给人的感觉总是很别扭，使人远远避之而唯恐不及，究其原因，就在于说话时少了礼貌的措辞。其实，在日常生活中，说话礼貌是十分有必要的，它是一个人素质的直接体现，也是能够赢得对方尊重的先决条件。有的人说话不礼貌，这样不仅会令人厌烦，而且最终只能导致沟通失败。

尊重别人就是尊重自己，无论我们在社会上扮演了什么角色，有着什么样的身份，礼貌是一直维持人际关系不断互动的规则。一个说话礼貌的人走到哪里都会受欢迎，而一个习惯出口不逊的人，怎样都得不到别人的喜欢。

章老师是一所高校有名的教授。有一天，一位隔壁学校的同学来找章教授，要章教授做他校外的论文评阅人。因为当时规定，论文答辩时要请一个校外的专家来指导。这位同学一进门，见章老师的屋里坐了好几位老师在商讨什么问题。他也搞不清哪位是章教授，就张口问道：“谁是章炳山呀？”章老师听到这个学生直呼自己的名字，脸色微微一变，几位老师也面面相觑。不过，章老师还是很有礼貌地对他说：“我就是，找我有什么事吗？”那位同学大大咧咧地说：“噢，你就是章炳山呀，我可早就听说过你了，我是某某教授的学生，我的论文你就给我看一下！”章教授到底是有涵养的人，虽然看到这个学生说话没有礼貌，也不过随口说道：“那你就放那里吧！”这名学生就把自己的论文往章老师的桌子上一扔，对章老师说：“你快点看呀！后天我们就要论文答辩了，你可别耽误我的事！”章老师这么有涵养的人也忍受不了了，火气顿时上来了，他对这位同学说：“这位同学请留步。请问一下是谁找谁办事呀？你的论文拿走，我没时间给你看！”

一向很有涵养的章教授怎么会忍不住生气呢？原因就在于那位同学说话不懂礼貌，章老师是很有名气的教授，至少那位同学也应该礼貌地称呼“章老师”，而不是直呼其名，另外，同学话语中透露出“目中无人、随意指使”的不礼貌行为，更让章教授生气。其实，无论是求人办事还是普通的交谈，我们都需要以礼貌的措辞来进行交谈，如果那位同学说话能够礼貌一点，那么章教授一定不会在嘴上为难他，定会乐意帮忙的。

语言本是思想的衣裳，它可以直接表现出一个人的高雅或粗俗。同时，语言交流是一种心灵沟通，要想使彼此之间的沟通畅通无阻，就应该得体地运用礼貌措辞，这样才会让对方感到“良言一句”的温暖，使自己与他人之间的感情很快就融洽起来。

1.丰富礼貌用语

在平时生活中，我们习惯这样打招呼“你吃饭了吗？”“你到哪里去？”这样的日常用语显得有点单调、乏味，同时，也缺乏应有的礼貌。这时候，我们应该丰富自己的礼貌用语，比如“早安，你好吗？”“请代问全家好！”等等。

2.使用礼节性语言

语言的礼节就是寒暄，有一些最常见的礼节语言惯用形式，比如，问候语“您好”，告别语“再见”，致谢语“谢谢”，致歉语“对不起”，回敬语“没关系”“不要紧”“不碍事”等。

3.养成使用敬语、谦词、雅语的习惯

敬语也就是敬辞，表示尊敬礼貌的词语。我们常用的敬语“请”，第二人称“您”，代词“阁下”“尊夫人”等；谦语是向人表示谦恭和自谦的一种语言，比如称自己为“愚”“家父”等；雅语是指一些比较文雅的语言，比如你端茶招待客人，应该说：“请用茶。”

4.善于言辞

交谈中，一般都会选择大家共同感兴趣的话题，但是，对于一些不该触及的敏感话题，比如对方的年龄、收入、婚姻状况等，应该尽可能地避开。询问对方这样的信息，这是不礼貌和缺乏教养的表现。

小贴士

何谓礼貌措辞？其实就是我们日常交际中所使用的"敬语"与"谦词"，这些口语表达可以体现出对他人的尊重，诸如"请教、指教""劳心、费心"等等。如果我们能在日常语言交际中使用这些谦词和敬语，对方肯定乐意与你接触，与你建立友好和谐的关系。

主动认错，更容易获得原谅

俗话说："智者千虑，必有一失。"一个人再聪明，再能干，也总有犯错误的时候。孙子曾说："过也，人皆见之；更之，人皆仰之。"有时候，我们有可能会说错话，有可能会做错事，这就难免会得罪到他人，使原本和谐友好的人际关系有了裂痕。

不过，在错误发生之后，如果我们能诚恳地致歉，主动说"对不起"，一般而言，我们是能够得到对方的谅解的。假如我们发现自己错了，却不好意思道歉，甚至处处找借口为自己辩解，这样的结果不仅得不到朋友的谅解，也使自己处于孤立无援的境地。

诚恳而巧妙的道歉，能够挽救人际危机，化解尴尬气氛，继而巩固关系，推进新的人际关系的发展。不过，在这其中，道歉也是需要技巧的，下面我们就简单地列举以下几种。

1.道歉用语

诚恳的道歉需要适宜的道歉用语，比如“对不起”“请原谅”“很抱歉”“请你转告王先生，就说我对不起他”“对不起，是我的错”“我错怪你了”“不好意思，给你添麻烦了”等。

2.把握道歉的最佳时机

当你发现自己说错了话或者做错了事情的时候，就需要及时地道歉，道歉是越及时越有效果，我们很难想象在几十年后才说“对不起”会发生什么事情。当然，道歉的最佳时机还应该选在双方都心平气和的时候，在对方情绪比较好的时候，他更容易接受你的道歉。

3.先批评自己

道歉并不是等对方的责备已经来了再道歉，这时候你已经激起了对方的怒火，因此，我们需要先发制人，率先批评自己，这样对方就不好意思再责备你了，而且，也会宽容地谅解你的错误言行。

小贴士

在日常生活中，我们都不可避免地会做错一些事情，其实，做错事情并不是一件丢人的事，只要能够及时认识到错误并改正错误，及时向对方诚恳地道歉，这样解开矛盾，获得对方的好感。

第9章 你要好意思“脸厚”，做人要有智慧

不好意思的人脸皮通常比较薄：不喜欢当面说话，当被人拒绝一次之后便会感到难过而不再坚持，无法清楚地表达自己的意见。改变自己，需要脸皮厚一些，充分利用智慧来做人做事。

姿态弱一点，做事狠一点

人们总是不由自主地同情弱者，不愿意袖手旁观置之于不顾，而比较容易答应弱者的请求。当对方不愿意帮忙或者正犹豫不决的时候，我们不妨开口就"装可怜"，激起对方的保护欲，一旦对方觉得你的说法真实可信，他很有可能就会作出让步，答应你的请求。求人办事，要放得下面子，做个可怜人，以情乞悯，以达到自己的目的。在日常生活中，当人们在讲述自己经历过的生活，比如幼年丧父、生活艰苦等不幸的经历，旁边的人都会不由自主地宽慰，并给予一定的帮助。

1.用哭声打动对方

三国时期，蜀主刘备是精于哭道的高手，于是，有人戏称"刘备的江山是哭出来的"。虽然这样的说法有失偏颇，但是，"哭"的确是求人办事的"秘密武器"，在提出自己诉求的时候，不失时机地流下几滴眼泪，会激发对方的保护欲，必然会爽快地答应你的请求。

2.先批评自己

在求人办事的时候，你率先就自我批评"不好意思，都是我不好，把这样的事情告诉你，给你带来了麻烦"，不妨装一下可怜，使对方产生同情，以此来达到自己所想要的目的。

3.表示自己的无助

在提出自己诉求的过程中，你不妨通过语言表现自己的无助，比如“我也是没有办法，不然，我是无论如何都不会来麻烦你了，还希望你能够帮我这个忙”“现在我是一点办法都没有了，希望你能帮忙出个主意”，对方看到你无助的样子，定会毫不犹豫地答应你请求。

小贴士

装可怜虽然并不是被人们常用的一种方法，却是非常有效的一种方法。所以，我们在这个过程中，应该巧妙地运用这一方法，开口“装可怜”，因为往往是软刀子更扎人。

软硬兼施，对准其心理

在人际交往中，我们经常会遇到性格不同的人，他们有的性格强硬，有的性格软弱，对于不同性格的人，必须采用相应的心理策略，如此才能拿捏恰当，从而掌控局面。比如，性格强硬的人，他们生性倔强，对于这样的人，他们是服软不服硬，这时，不妨放下自己的面子，以软弱的姿态请求于他，相信事情必能办成，如果你执意不信，坚决硬碰硬，那最后吃苦头的是你自己；而对于那些性格软弱的人，他们常常犹豫不决，需要有人给他们出出主意，他们就是吃硬不吃软的主儿，这时，我们要拿出强硬的作风出来，才能掌控整个局面。对此，在交际过程中，我们要看出对方是吃软还是吃硬，再出准备的心理招数，或以柔克刚，或软硬兼施。

俗话说：“求神要看佛，说话要看人。”人上一百，形形色色，每个人都有自己的性情，每个人都有不同的心理。这时候，交际策略也需要因人而异，需要迎合对方的性情、心理特点，这样我们才能有效地掌握主动地位。否则，一味地强势或一味地软弱，只会使我们在交流中处于越来越被动的位置。所以，我们在与他人交流的时候，需要看准人下准药，如此这般，才能使自己在人际交往中如鱼得水、应对自如。

1.以情动人

充满感情的话语是能够打动人心的，如果你能够有感情地提出自己的诉求，甚至把自己当下的难堪情境说上一说，对方多少都会因为同情而给予你帮助的。

2.适当示弱

在求人办事的过程中，我们需要以一个弱者的姿态来赢得对方的同情。当然，这里所说的示弱并不是真的示弱，只不过是以话语来博得对方的同情，以达到自己的目的。俗话说：“软刀子更扎人”，说的就是以话语来赚怜的说话技巧吧。

3.柔中带刚

当我们在求人办事之前，需要找准对方的“心理弱点”，这样我们才有“资本”说出柔中带刚的话语，比如“李警官，你也知道，今天的事情是我无意中看见的，有可能会无意中说出去，不过，相信你会妥善处理好这件事情的”。

4.强硬的姿态

在某些场合，为了达到说服对方的目的，我们需要适时运用强势的心理策略，以强硬的语言表达一种坚定的立场，迫使对方服从于我们。

小贴士

在交际场合，面对不同个性的人，更需要我们看准人，办对事，时而强势，时而退避三舍，这样，我们才能处于交际的主动地位。其实，与人相处也是一样的道理。对不同的人，采用不同的交际策略，做人要有弹性，这样，你的人际交往才会相应地收放自如。

低调隐忍，暗度陈仓

在日常生活中，办事不仅仅需要耐心，而且，更需要我们保持低调的姿态，如此忍中求全，才能暗度陈仓，达到掌控走势的目的。许多人做事高调，唯恐自己所办之事没人知道，于是，大肆宣扬自己的能力，以此希望增加自己的知名度。谁料，高调做事的后果往往是以失败告终，因为当你没有能力办成此事的时候，如果不能保持低调，不能忍，那么，就难以成大事。这是办事的策略，亦是办事掌控术之一。

从古至今，那些能办大事的人，无一不是低调做事、忍耐力极强的人，韩信忍胯下之辱，最后，终成大器；吴王悬梁刺股，低调做事，处处忍耐，才有了后来的灭吴之举。因此，在办事的时候，我们一定要牢记：高调做事，难成大事；低调做事，终成大器。凡事应以低调的姿态，忍中求全，才能暗度陈仓，达到掌控事情走势的目的，办事自然也就容易多了。

那些凡事能够忍中求全的人，总是以低调姿态示人，他们办事都很容易获得成功。试想，如果当初李渊不能忍中求全，意气用事之下就草草起事，很有可能就因为自己力量不足而被隋炀帝除掉了，就没有后来的太原起兵和大唐帝国的建立。

小贴士

有时候，低调并不是逃避，忍中求全也不是懦弱，它们更多的是一种低调的智慧。只有学会了低调，才有可能做出一鸣惊人的举动；只有学会了忍中求全，才能够忍凡事而成就大事。

“脸皮厚”一点，好事贵在多磨

好事贵在多磨，办事贵在坚持，只要你拿出绝对的诚心，一定能办成事。许多人都有这样的经历，在遇到了冷脸或轻视之后，往往会很不耐烦，变得粗鲁无礼，固执己见，让人感觉到难以相处。其实，这样的心态是有害无益的，特别是在办事过程中，俗话说：“心急吃不了热豆腐。”当一个人失去了耐心，他就有可能选择放弃，那么，你之前所做出的努力也无疑付之东流了。实际上，“好事多磨”所指的就是耐心，不急躁，保持平静的心态，你办事成功的把握就多了几分。在任何时候，急躁会使人偏离正确的判断，容易给人造成不易接近的印象，当你丧失了继续坚持下去的欲望，同时，你也丧失了别人帮助你的机会。所以，在我们求人办事的时候，需要表现出足够的耐心与对方"磨"，这样，对方会叹服你的诚心，这时，无疑你已经掌控了局面，对方也很有可能就会给予你帮助，办事自然就不用愁了。

王先生是一家汽车轮胎公司的经理，有一次，他在酒吧喝酒，无意中碰撞了一位喝醉的年轻人，于是，两人因为酒劲而大打出手。后来，王先生却意外从酒吧的工作人员口中得知，这位年轻人发明了一种能增加轮胎强度的方法，申请了专利，但是，他找了许多生产汽车轮胎的厂商，并向他们出售自己的专利，无一例外都遭到了拒绝，怀着郁闷的心情，才会在酒吧里喝得酩酊大醉。

王先生放下了之前两人的过结，决定聘请这位年轻人来自己公司做事。一天早上，王先生在工厂的门口等到这个年轻人，但是，这位年轻人在经受那么多次拒绝之后，早已心灰意冷，不愿意向任何人谈起自己的发明。年轻人并没有理睬王先生，自己就进工厂干活了。可是，王先生并没有拂袖而去，而是一直等在工厂的大门口。到了中午，工人下班了，却不见那个年轻人的踪影，有人告诉王先生，那个年轻人干的是计件工作，上下班都没有固定时间。王先生站在外面，天气很冷，风也很大，但是，王先生一直没有离去，就这样，他从早上等到下午。这时，那个年轻人走出了大门，一见王先生，就爽快地答应了他合作的要求。

原来，中午吃午饭的时候，那个年轻人看到王先生还等在门口，便转身回去了。后来，他知道王先生一天不吃不喝，在寒风中等了近10小时之久，他就叹服了。后来，王先生正是求得了那位年轻人的帮助，推出了新的汽车轮胎产品，并很快打进了竞争激烈的市场。

所谓“好事贵在多磨”，王先生以自己绝对的耐心赢得了年轻人的帮助。当然，办事中的“磨”，并不是要无赖，而是一种静静、礼貌的等待。在“磨”的过程中，不要让对方感觉你是在故意找麻烦，故意影响他的工作，即使需要多“磨”，也需要通情达理，尽量减少对他人的干扰，这样，办事才能磨成功。

王娜是公司里一名普通的职工，在无意之间，她发现了一个可以节省产品原料的技巧。为了能将这样的信息反馈给上司，王娜开始三天两头往主任办公室跑，刚开始，主任觉得很奇怪：“你小学还没毕业呢，怎么就有这样重大的发现？公司里那么多技术骨干都没研究出来，我看你那个发现没有任何科学性，还是别说了，我还有其他事情呢。”王娜不灰心，只要看到主任空闲下来了，她就去求助主任查看自己得出的结论，希望对公司有所帮助。这样去了大约有十多次，主任叹服了，他对王娜说：“我真是服了你，行了，我马上让技术人员分析你所谓的方案，你就等结果吧。”

最后，结果显示，王娜提供的方案没有任何的实际性，不过，从此以后，主任却对这位普通职工格外关注，原因当然是她那份难得的“倔劲”。

在办事过程中，多磨并不需要露锋芒，不要过多地谈论要办的事情，只是不间断地接近对方，使彼此的关系变得亲密，让对方多了解你、同情你，被你的诚心所打动，从而产生帮助你的愿望。这样，我们才能顺势掌控局面，达到办事成功的目的。

另外，你还可以想办法与对方家人接近，通过各种方法与他们维持良好的关系，从感情上贴近，这样的“磨”，对方是难以拒绝的。其实，许多人都喜欢让人磨，尤其是一些领导，一般情况下，他们不愿意轻易答应任何事情，一旦你很有耐心地去磨，反而会使他感到一种精神上的满足。

小贴士

在这样的情况下，办事必须要多“磨”，如果你坚持了许多次，最后一次却放弃了，他会遗憾地说：“本来你再来一次我就同意了，可是你没来。”所以，培养自己绝对的耐心，好事多磨，坚持下去，表现出令对方叹服的诚心，掌控局面，达到办事成功的目的。

利用其弱点，施加压力

在日常交际中，每个人都有自己的短处与弱点，在求人办事的时候，如果我们能很好地利用这些短处与弱点，以心理优势压倒对方，那么，办事自然就很容易获得成功了。有的人比较重利，有的人心气很高，有的人好胜心很强，有的人喜欢说大话，只要我们能够掌握对方的短处与弱点，再将之利用起来，巧妙对症下药，以优势的心理击败对方，达到我们办事的目的。在求人办事的时候，我们可以通过对方无意中显露出来的态度，了解其心理，通过行为细节来捕捉到比语言表露更真实、更微妙的内心世界。在其内心世界里，我们可以寻找到对方的短处与弱点，而这些将成为我们办事的最佳突破口，对症下药，以心理的优势压倒对方，令其顺从自己的意愿，答应我们的请求。所以，无论跟什么样的人办事，我们都应该寻找对方的短处与弱点，依据其心理，掌控时机，这样就很容易办成事情。

这两天，王先生心急如焚，公司急需资金，可是，找遍了所有的银行，贷款就是办不下来。真的不知道该怎么办了。突然，王先生想起来自己认识的一个银行主管的朋友，这是一位争强好胜的人，敢做别人不敢做的事情。他不愿意去做一件事情，如果你故意说话激他，他就会毫不犹豫地答应下来。另外，他最不能忍受的就是当面承认自己不能办事。这样一想，王先生心中有了主意。

这天，王先生约了那位银行的主管一起吃饭，席间，他直截了当地对银行主管说：“我还需要100万元，明天我就要拿到贷款。”“你一定在开玩笑，我们从来没有一天之内就能办妥这样的事的先例。”银行主管答道。“其实我认识的银行负责人有好几个，但我觉得除了你，没有谁有这么大的本事在一天之内办妥这件事，如果你觉得不行的话，我就找其他银行的主管了。”王先生很诚恳地说。银行主管听后，笑着说：“你这可是在逼我上梁山啊，不过，我可以试一试。”

那位银行主管有强烈的好胜心理，这在王先生看来，就是一个可以利用的弱点。于是，在求人办事的时候，王先生顺应了银行主管这样的心理，巧妙运用激将法，刺激对方成事之心，同时，也达到了自己办事的目的。“我认识的银行负责人有好几个”“如果你觉得不行的话，我就找其他银行主管”，王先生的话语无疑是刺激银行主管的自尊心。最终，那位银行主管答应了请求，硬是将不可能的贷款变成了可能。

张小姐是一位节油制汽车推销员，这天，她约见了一位客户，一开口她就礼貌地询问："先生，请教你一个所熟悉的问题，增加贵店利润的三大原则是什么？"客户好像很乐意回答这样的问题，他回答："第一，降低进价；第二，提高售价；第三，减少开销。"

张小姐立即抓住话题说下去："你说的句句是真言。特别是开销，那是无形中的损失。比如汽油费，一天节约20元，你想过多少吗？如果贵店有3辆车，一天节省60元，一个月就有1800元，发展下去，10年可省21万元。如果能够节约而不节约，岂不等于把百元钞票一张张撕掉？如果把这一笔钱放在银行，以5分利计算，一年的利息就有1万多元，不知您高见如何，觉得有没有节油的必要呢？"听了张小姐这样的分析，客户觉得自己应该解除这种恶劣情况，最终购买了节油制汽车。

对于商人来说，最看重的就是经济利益，他们不会放任浪费，面对能够杜绝自己浪费钱财的有效方式，为什么还会拒绝呢？张小姐正是针对店老板这样的心理，暗示了"既然汽车可以节油，为什么还要继续浪费下去呢"，于是，店老板在经济利益的趋势下，决定用节油车来解决之前浪费的恶劣情况，购买了节油制汽车。

小贴士

我们还可以以对方的短处，向对方施加一定的心理压力，令其不得不答应我们的请求。但是，这样的施加压力并不是威胁，而是适当的警告，毕竟，警告比威胁更具合法性，而且，不会招致对方的反感。这时，巧妙运用心理优势给予对方一定的压力，因为适当的压力会让对方更容易做决定，他会在心理压力之下答应我们的请求。这样一来，我们就能以灵敏心思掌控时机，促成事情的办成。

巧探心意，再对症下药

如果对方有所感动，却不显露在外部神态中，可先不要着急，不要与他正面地讨论，可以与他说一些他熟悉的东西，说一些使他感到亲近的事情，就可以知道他安身立命不露神色的依据。任何时候，都需要学会试探，这样才能真正揣摩透对方的心思。

不管是说一句话，还是做一件事，都需要小心翼翼，先试探，弄清楚了对方的心意，再去办事，这样才能符合对方的心意。当然，此举并不是有谄媚之嫌，而是为了更好地保全自己。现代社会，人心叵测，在很多时候，我们做事不成功，不能得到他人认同的原因在于不能知晓对方的心意。所以，学会试探，探明了对方的心意，再去办事，才能将事情办得顺利。

据说，有一种以鱼类为食的鸟类，它的嘴型直直的，上下部分又长又宽阔。在吃东西的时候，它们常常把鱼儿往空中一抛，让那条鱼儿头朝尾部落下来，然后，一口接住就咽了下去。因为，这样的吃法使鱼儿在经过咽喉时，鱼翅的骨头由前向后，不会卡在喉咙里。其实，做事也是一样的道理。

在日常生活中，做任何事情都有可能碰到“刺儿”，这时便不能直接，而是想办法去试探几次，绕个弯子，避开钉子，这才是做事的基本策略。

小贴士

在日常生活中，我们经常会碰到话不好直说的状况，这时，不妨绕个圈子，巧妙试探，等到探明了对方的心意，再做打算，即使事情不能成功，也能全身而退。所以，要想将事情办得漂亮，就要懂得一点心机，学会试探，弄清楚对方的心意，才能对症下药，从而达到自己的目的。

第 10 章

你要好意思“表功”，酒香也怕巷子深

生活中，总有不好意思的人从来不会主动推销自己，因此在很多时候自己的才华和功劳都被埋没了，现代社会，千里马也需要伯乐，酒香也怕巷子深。别不好意思，大胆展现自己，这样才使自己的才能得到最大限度地发挥。

找准定位，尽情展示自我价值

殊不知，每一个人都具有世界上独一无二的价值，没有任何人、事、物能够取代我们，也没有任何人、事、物能够贬低我们，除非我们自己看轻自己、自己贬损自己。

我们的命运如同一颗麦粒，有着三种不同的道路。一颗麦粒可能被装进麻袋，堆在货架上，等着喂给家畜；也可能被磨成面粉，做成面包；还可能撒在土壤里，让它生长，直到金黄色的麦穗上结出成千上百颗麦粒。

每个人都想成为高大的树木，渴望矗立在高处俯瞰这个世界，但是，生活的现实与残酷却让我们成为了一棵棵小草。与其他人相比，自己的生活显得那么不堪，于是，许多人觉得自己没有价值，或许将在庸庸碌碌中度过一生。

其实，小草也有它的价值，当所有高大的树木都已经枯亡时，那一片绿意盎然的小草却释放着最后的美丽。它们并不想成为高大的树木，它们深知自己的价值是什么，只想做它们自己，怀着这样一份希望，它们自然生机勃勃、春意盎然。如同小草一样，我们每一个人都有自己的价值，没有任何人或事能够取代我们，也没有任何人或事能够贬低我们，除非我们自己看轻了自己、自己贬低了自己。

1.善待自己，给自己自信

活着，我们就要学会善待自己，在失意时鼓励自己，在得意时勉励自己。在漫漫人生旅途中，我们无法避免偶尔的挫折与困难，但是，不管我们受到什么样的打击，即使我们正在经历着痛苦、难堪，我们都不应该忽视了自己的价值，不要觉得自己一无是处，也不要妄自菲薄。以一份崇高的使命感，展现出自己的人生价值。

2.不要自卑，学会接纳自己

每个人都有属于自己的独特价值，我们应该接纳自己。而且，自身价值的大小并不在于他人的评价，而是在于我们给自己的定价。一个人的价值是绝对的，坚持自己，重视自己的价值，给自己成长的空间，每个人都会成为“无价之宝”，我们将告别平庸的人生。

小贴士

人活着就应该善待自己，在低潮时给予自己鼓励。在人生的旅程中，我们无法避免诸多的挫折，但是不管那些无情的打击如何使我们痛苦、受伤、难堪，我们都不应该忘记自身的价值，更不应该认为自己一无是处或者妄自菲薄。

埋头苦干，也要学会展示

许多人可以说是勤奋工作的典范，在职场中，他们总会恪守“脚踏实地”的原则，做任何事情都是循序渐进。他们明白，如果要想获得成功，就必须从一件小事做起，哪怕是一件微不足道的小事。他们只专注于现在所拥有的工作。他们更愿意通过慢慢添加一砖一瓦，踏踏实实地坚守自己的位置，最后打造出属于自己的一片天地。不过，正因为专注于勤奋地工作，而丧失了许多展示自己的机会。其实，在现实职场中，不仅要勤奋工作，更需要懂得展现自己。

孙女士在一家公司上班，她工作认真，人也很聪明。她一直在业务部工作，做生意通常是靠长年累月积累的良好的客户关系。她在同一个工作岗位上做了好几年了，虽然她的薪水优厚，上司与同事都很喜欢她，但她并没有因此而平步青云。

孙女士工作那么优秀，也很受上司和同事们的喜欢，但是为什么却一直没有平步青云呢？那是因为她局限在自己作为女性的表现方法，显得内向，不善于表现自己，特别是不善于向上司表功。孙女士的能力是很优秀，可能上司也欣赏她，但是上司更欣赏的是敢于为自己邀功的员工。

认真做事并不是轻而易举的事情，它需要我们开动脑筋，投入时间和精力才能达到。同样是做一件事情，仅仅是做完是一种态度，而在做完之后还进行细致的检查才是一种认真的态度。而且，在做事的过程中一直坚持着这种绝对认真的精神，这样的神采是最容易打动人的。

1.认真勤奋地工作

在日常工作中，除了各司其职之外，我们更需要认真做事，体现自己作为一个工作人的职责与精神。当一个教师按照教学大纲的要求备好课上好课，这是一种职责，但如果教师在传道授业解惑的同时还可以顾及学生的体验，争取用最佳的办法，最好的形式以及最合理的时间把知识传授给学生，那就不是简单地完成任务，而是认真做事了。

2.大胆表现自己

如果你足够优秀，就要勇敢地表现出来，并不是说对方了解你的优秀，就会重视你。需要得到他的重视，就要敢于表现出来，哪怕是向他表功。表功并不是骄傲的体现，恰恰是你能力的表现，如果你是真的有功之至，理应得到的重视，也是无可厚非的。

小贴士

对于我们而言，在职场不仅要努力工作，脚踏实地，而且还需要展示自己优秀的一面。现代社会，“酒香还怕巷子深”，如果你只是埋头工作，不被人记住，那是可悲的。或许，你自以为已经很努力了，但事实上这对于你本人的晋升是很有阻碍的。

一个人要善于自我推销

一个人除了拥有天生的容貌外，特有的装饰、优雅的举止、端庄的仪态、娴静的谈吐，都能展现出自己与众不同的魅力，他们或者是文静活泼，或者是潇洒帅气，或者是温柔调皮。一个人在交际中要表现自己的个性，随时绽放出自己特有的光彩，让别人有交往的热情，这就需要女性能够成功地把自己推销出去。

我们在与人交谈时要尽可能地向别人推销自己。初次与人相识，大家都不怎么了解，你可能会在交谈中较为清楚详细地介绍一下自己。比如你正在从事的工作，你的特殊兴趣爱好，等等，这样就更能引起对方对你的好感。除了你所展现的内在以外，也要适当地注意自己外在的举止、谈吐、仪态，这些对于能够成功地把自己推销出去，都是相当重要的。而怎样把自己成功地推销出去，是相当有技巧的。

1.注重自己的仪表

推销自己，首先就是要给别人最好的第一印象。如果你的举止打扮在别人的第一眼就被否定了，那么你就已经失败了。只要你时刻注重自己的穿衣打扮，并且常常阅读有益的书籍，就会让你仪态不凡，气质出众。当然，我们的打扮，不是简单的穿衣，而是使自身的形象达到整体和谐，是一种自信和雅致，也是一种你自身人格的外化。女人需要适当地化妆，妆容要浅淡自然，切忌浓妆艳抹，特别是口红不要太红。女性适当化妆是对自己的尊重，也是对别人的尊重。

端庄的仪表。发型要简单清爽；指甲也要修剪整齐，不要在公共场合修剪指甲；首饰不宜佩戴过多；要穿与裙子相配的鞋子，与鞋子相配的袜子，全身的整体颜色不要超过三种，并且保持衣服、鞋子的洁净。

2.适当的微笑为自己加分

微笑是全世界共用的语言。虽然你的微笑不如蒙娜丽莎的那么动人，但你要相信你的微笑依然犹如冬日里的阳光，给人带来无尽的温暖。它其实就是你最好的介绍信，也是你传递热情、携带温馨的一个符号。微笑可以巧妙地化解你在谈话中不知所措的尴尬，如果你不知道该说什么，那就微笑地倾听；微笑还可以传达你的友好，可以让你快速地与他人建立亲密的关系。

3.学会诚挚地倾听，这是对别人的尊重

在交际过程中，要善于倾听别人讲话。有很多人总是显得很聒噪，在电影院，在公园，在大街上，都能听见他们在不顾场合地高谈阔论，他们一点也不会顾及别人的感受。如果你实在是一个比较健谈的人，那么在与人交流时，要学会给别人说话的机会，让自己也做一次听众。在别人谈话的时候，倾听能给他人以尊重人、有礼貌的印象，能够体现你内在的修养。你尊重了他，他也会在你发表意见的时候，给予你尊重。而最好的方法就是：适时地随声附和，真诚地望着对方，适当穿插一些话语，使双方能愉快地交谈下去。如果对方觉得跟你交流是一件愉快的事情，那么你在无形中已经受到了他的内心的肯定。

4.充分体现你的修养，展现你的人格魅力

如果一个人老是以自我为中心，丝毫不考虑对方的立场，甚至无视他人的存在，那么，人们对于跟这样的人一起工作或生活，都会感到索然无味。相反，如果一个人在待人接物方面能够处处为别人着想，时刻有一颗宽容、忍让、体谅的心，这样，你就称之为一个有修养的人。有修养的人并不是外观所呈现出来的气质，而是一种人格内在的魅力。人们通常都会尊重那些富有修养和内涵的人，也愿意与她们交谈。

做一个有修养的人，就要注意自己在生活中的日常行为。同时，要不断地扩大阅读范围，提高自己的知识素养，这样，才能全面提高个人的修养水平，彰显自己的人格魅力。

小贴士

一个人善于推销自己是一种才华，更是一种艺术。一定要记住，你推销的是你自己，所以在人际交往中，一定要有技巧地把自己推销出去，除了上面所说的几点技巧外，还要注意：学会尊重别人，不断积累自己的社会知识，学会投其所好，采用迂回的谈话技巧，并且为自己打造一张自我名片。这样，在自我推销成功后，为自己带来更多的机会。

沉默会一直把你埋没

有的人或多或少都具有一种隐忍的性格：他们会面对巨大的压力，而自己一个人默默地承受下来；他们往往有自己的想法，却埋在心里，不说出来；受了委屈，也只好偷偷把眼泪往肚里吞。事实上，这一切都是不好意思心理造成的。很多时候，沉默不再是金，真实地说出自己的想法，其实就是一种自我推销的最佳途径。

我们常常在与人交往之中，遇到与自己意见不同的时候，会由于各种原因而沉默。或是矜持，或是不好意思，或是不自信，或是不敢说。往往你那一瞬间的沉默会给别人一种错觉，认为你是默认的态度，他会以为你是认可他的。因此，如果你在这些问题上有什么好的建议，就要大胆地说出来，别人才了解你的真实想法及能力。所以在这个时候，千万不要保持沉默，要抓住机会表露自己的想法，才有可能成功地把自己推销出去。如果你一直保持沉默，沉默就会把你埋没，你也没有更好的机会来推销自己了。

小万是才到公司的新员工，刚刚大学毕业，正是“初生牛犊不怕虎”的年纪。有一次，在公司例行大会上，董事长表示自己手上有一个重要的企划案，希望在座的哪位拿去策划一下。同事们都面面相觑，你看我，我看你，面有难色，都不敢接这个“烫手山芋”。

小万刚开始觉得自己是新人，不敢抢同事的功。可是，在等了几分钟，还是没有人去接企划案的时候，性子急的小万坐不住了，腾地站起来：“我想试试。”董事长看有人站起来接这个任务，也露出微笑，但看见是一个才来的新员工，又是个女孩，又显得很不放心：“你能行吗？”这可激起了小万的好胜心：“一定行，给我一周的时间，我会把它做好的。”

于是，在下一周的公司例行大会上。董事长拿着一份企划案，赞许地看着小万：“你是最棒的！希望你继续努力，公司需要你这样的人才。”立即，会场响起阵阵掌声。

就是因为小万大胆地站起来，表达自己的想法，最终用实际行动证明了自己的能力，而赢得了全公司的认同。

如果小万在会场上一直沉默，那么，她的能力就不会在这个机会得到展示。正是她大胆说出自己的想法，让老板对她赞赏有加。如今的社会，都是人才济济，作为女性，如果你不把握适时的机会，说出自己真实的想法，展现自己的能力，那么你就会永远地埋没自己。俗话说：

“酒香也怕巷子深”，说的就是这个道理，如果你是一个各方面条件都优秀的人，更要大胆表现出来。

1.别浪费表达意见的机会

有的人习惯矜持地生活，遇到别人问他吃什么，他习惯回答：“随便。”别人问他到哪里去玩，他的回答还是那两个字“随便”，好像他的思想只有“随便”这两个字。其实这时候，你应该说出自己心里的真实想法，也许在你的推荐下，大家都会尝到一顿美味的佳肴；或者在你做导游的带领下，大家都会玩得比较尽兴。大家会发现，原来你也有多姿多彩的一面。如果你总是说“随便”，你自己以为很随意，其实不是，你的“随便”让对方感觉有种负担，因为你没有把你真实的想法表现出来，让他觉得可能没有照顾到你的心思。所以，应该学会大胆地说出真实的想法，这既会让对方感觉你很有主见，又不会亏待自己。

2.并不是每一刻沉默都有价值

沉默在某些时候，是非常具有价值的，但不是每一个时候的沉默都有它的价值。所以，不要总是习惯性地把头深深地埋下，要昂首挺胸，敢于说出自己的心声。而你的某些独有魅力，也是通过说话表现出来的。例如，渊博的学识、有魅力的谈吐、优美的声线，通过说话可以彰显你思想的深度，还可以表露出你除了外表以外的内在吸引力。

小贴士

别不好意思，应该抓住生活中的每一个机会来表现自己，而说话无疑是最合适不过的一个机会。学会用语言来表达自己的意见和想法，让他人更加了解你，进而对你产生信赖，这是每一个人推销自己的最佳途径。

既要做得好，还得说得好

善于汇报的人在职场中会充分施展自己的才华，他优雅得体的举止，信手拈来的话语，常常能引来众人羡慕喜爱的目光。职场的氛围并不是每时每刻都是轻松愉快的，当空气沉闷、环境压抑的时候，如能适时地调节气氛，秀出你的口才，会有很多人聆听你的话语，这无疑有利于工作的顺利进行。沉默、不好意思的人不会赢得人们的喜欢，妙语连珠的人不仅能引起众人的好感，而且会受到领导的刮目相看。

不是所有的人都能言善辩，精于言辞。有的人天性胆小，沉默寡言，不敢高声说话，更害怕喧嚣吵闹，遇到事情能躲则躲，从来不敢迎难而上，这样的人，在职场中很少引起人们的注意，除非逼不得已，才与他聊上几句。在人们看来，这种人似乎很乏味，很单调，只适于做一些简单固定的事情。公司的重大决策和活动，很少出现他们的身影，很多时候，也会被遗忘在角落。职场中的他们常常偏于一隅，默默地做着自己的工作。即使受了委屈，也不知道怎么向人倾吐，也从不敢抱怨，心中的苦闷无处发泄，烦恼就会滋生。其实，口才并不是天生的，需要经常锻炼。一个沉默寡言的人，努力学习职场语言，能够运用得恰当好处，同样能够言辞得当，善得人缘。

身处职场，能够驰骋自如，凭借的完全是自己如簧的巧舌，如玉的话语。秀出自己的口才，不被职场复杂的人际关系所累，轻轻松松玩转职场。在职场中，口才好的人注重谈话艺术，措辞严谨、伶牙俐齿的人说起话来滴水不漏，不给对方留有反驳的余地，这往往会使他占据上风。领导对于这样的人欣赏有加，常会对其委以重任。这样的人也不会辜负领导的期望，他会凭着自己的优势完成领导交给的任务。职场中，我们经常可以看到这样的人，被其高超的谈话技巧吸引和征服。

小孙是众人羡慕的白领，薪资很高。在公司工作了一段时间后，她就发现，公司的运营方式虽然十分先进，但是公司惯有的环境非常沉闷，每天大家都在埋头做自己的工作，似乎之间都存在着戒备心理，谈起话来距离很远，让人感觉不到一点温暖。这让原本快乐的小孙感到非常压抑。

这是其次，最近，小孙的工作负担越来越重，许多工作都是老员工强加给她做的。繁重的工作使得小孙感觉特别劳累，她决心不再保持沉默。当一个老员工又给她摊派任务时，小孙直接地指出，那不是自己的分内事。那位老员工也许没有想到小孙敢出口拒绝，神情很尴尬。此后，再也没有人敢给她增加工作量了，负担减轻了，小孙的心情也变得轻松了。

其他人看着小孙敢说话，感觉她很直率，开始乐于和她交往。原本性格开朗的小孙给大家带来了很多欢乐。她诙谐有趣的话语活跃了公司的气氛，这很快吸引了领导的目光。

能够为大家带来快乐，小孙的心里非常高兴。她还提议公司组织活动增强团体的凝聚力，这得到了领导的支持。在活动中，小孙非凡的组织能力和口才再一次让领导刮目相看。不久，公司要洽谈合作项目，领导委派小孙出席会议。小孙从没有想到自己能有这样的良机，这也是展现自己才华的好机会。合作项目推介会上，小孙刚柔并济，出色的口才说服多家商家和个人合作加盟，公司签订了多项合作项目，小孙的职位也因此得到了提升。

秀出你的口才，在适当的时机展现出来，受到众人的喜爱，领导的重用，自己的聪明才智也能发挥出来。正如事例中的小孙那样，在别人强加给自己额外的工作，自己不堪重负的时候，能够大胆地拒绝、反驳；在冷淡的氛围不利于工作时，能够调节气氛，使周围的人愉快和谐地相处；在公司需要发展时，能够拓展合作项目，为公司带来效益。这，靠的就是口才。必要的时候，口才就是提升自己的一笔巨大的财富。

小贴士

不要因为自己的胆小卑怯而不好意思，也不要因为自己的口舌笨拙而不好意思。抓住良机，秀出你的口才，击中要害，字字珠玑，句句似玉，使对方的强硬化作软弱，促成自己的成功。在职场中能够舞出自己的风采，散发人的魅力，受到领导的重用。

学会利用汇报工作“邀功”

一位哲人说：“绝对的光明与绝对的黑暗，对于一个人来说，结果是一样的——什么也看不见。”同样的道理，没有信息与拥有无限多的信息，结果也一样。在无限的信息中，一个人将无法或很难找到对自己真正有用的东西。而在信息时代，真正稀缺的资源是什么？注意力。

现代社会，不管是互联网，还是趋于流行的智能手机，这一切的背后都有一种力量在驱动着人们，目的就是吸引其注意力。哪怕在大自然，鸟儿用羽毛和歌声来吸引异性的注意，以获得繁殖后代的优先权，而在知识经济时代，注意力则成为商机的先导。

在职场，同样会存在“注意力”。那么，你的关注值多少呢？作为职场人，领导和同事对你有多少关注呢？你是处于角落里默默无闻的路人甲还是整天进出领导办公室的红人？如果你属于前者，那么很遗憾地告诉你，你应该适时想办法提升自己的关注度了。

瑶瑶今年快30岁了，职场之路平淡无奇，这个年纪仍是一位普通的职工，拿着稀少的薪水，过着不咸不淡的日子。

不过，她常常跟朋友抱怨：“我觉得老板一点都不喜欢我，那天特意在公司大会上点了我的名字，还希望我能提升业务量，你说那么多同事，为什么偏偏提我的名字呢？而且比我业务差的人不在少数，干吗是我？”……“你不知道，我们最近发工资了，但是我与同事之间差了整整七百，我就知道老板偏心，好像我不招人待见一样，唉，亲爱的，看来我得想办法转行了……”

当朋友询问：“你有经常跟老板沟通、汇报工作吗？”她却一直摇头：“没有，我不喜欢与领导套近乎，如果我经常去找他，别的同事肯定以为我在拍马屁，或想升职，总而言之，办公室又会多很多话，我不喜欢这样。”朋友不解：“可是，对于你正在做的工作进展情况，难道你不主动向领导汇报吗？不然，他怎么知道你一天在忙些什么呢？而且对于工作上有难度的地方，你也应该及时询问老板，多请教他，他才知道你在努力工作，想办法解决问题。”瑶瑶一脸单纯地回答：“可是，我只是单纯地做一个员工而已，我没想那么多。”

所以呢，瑶瑶就永远受不到领导的关注，反而认为自己被忽略了。

增加关注值，在于增加与领导见面的频率。举个简单的例子，一个进公司半年的人升职了，原因在于他进公司半个月就与领导熟悉了，之后各种汇报工作，增加了自己在领导心目中的印象；而一个在公司待五年的人，默默无闻地守在自己办公桌前，一直从未升职，因为他很少与领导交流、沟通，更别说主动汇报工作了。

事实上，向领导汇报工作是员工履行好职责的基本功，汇报是一个主动沟通的机会。尽管领导是难以伺候的，汇报工作有时会令他烦，不汇报工作他又说你自作主张。不过，既然你不是老板，那就只能主动去适应工作，调整自己，找到适合领导个性的汇报方式。

小张才进公司三个月，就被任命为小组长，取得如此的职场提升不仅仅在于他卓越的工作能力，还取决于他与领导的熟络程度。

上班第一天结束，他就趁着领导等车的几分钟时间打了招呼，当领导礼貌性地问工作一天感觉怎么样时，他侃侃而谈：“还可以，我很快适应了这里的工作节奏，今天您交给我的策划案，我已经快完成，明天早上就能发到您的邮箱，我知道这份策划案很急，所以晚上加班再详细检查一遍。”领导赞许地点点头，拍拍他肩膀：“好好干！我看好你。”

在之后工作时间里，小张总会不定时地汇报工作，而他汇报工作很有诀窍，简单明了，几句话就能让领导明白工作进展情况，令领导对其大加赞赏。当遇到产品出问题的情况，同事担心挨批评而选择暂时不汇报，小张却及时汇报，领导对此做出准确的措施，及时挽救了危难局面。经过这个事情，领导对其更加器重，当即在一个月后破例提拔了这个来公司不到半年的职场新人。

一个成功的员工必然是一个善于汇报工作的人，因为在汇报工作的过程中，他能得到领导对他最及时的指导，更快地成长，也因为在汇报工作的过程中，他能够与领导建立起牢固的信任关系。

古人曰：“一人之辩，重于九鼎之宝；三寸之舌，强于百万雄兵。”现代社会，人们说：“当兵的腿，当官的嘴；好马长在腿上，能人长在嘴上；讲话好了，叫有水平；写字好了，叫有文化；汇报好了，叫有能力。”而员工从优秀到卓越应该具备三种能力：工作能干、坐下能写、站起能说。工作汇报，可以说是无时不在，意味着与领导沟通。

小贴士

许多人抱怨自己在职场不受领导关注，总是被忽略。其实，是否找了自己的原因呢？在现代社会经济时代，你的关注值多少呢？吸引关注度，学会汇报工作，多与领导接触，那自己的关注度自然会直线上升。

自己的功劳要积极争取

在我们的身边，总是存在着一些想“坐收渔翁之利”的人。当你花了两天时间写出的一个企划案，或者自己勤奋工作为公司赢得了很大的荣誉时，对方却想把这份功劳占为己有。这样的一类人就是我们在职场上经常遇到的“争功”的人，他有可能会是我们亲近的同事，基于某种嫉妒心；他也有可能是我们的竞争对手，基于某种虚荣心。其实，不管那些与我们“争功”的人是出于一种什么心理，我们都需要去正面应对，不能随他而去，这样无疑是在他面前失去了立场，以后他可能还会继续争夺你的功劳。

怎么来解决这样的情况？如何拿回属于自己的功劳？那才是我们值得思考的问题。下面我们我们简单地介绍几种方法，或许对你有所帮助。

1.先赞赏争功者，再重申功劳是自己的

当面对争功者，你不妨先巧妙地赞赏一下对方，你可以再一次对抢你功劳的同事的能力和想法进行赞赏，让他有一种处于飘飘然的境地。然后，你再不失时机地提出：“想起我们当初一起决定这个企划案计划的时候，你的见解就是独一无二的，我总是佩服你，总是对事情有你自己独到的看法。”那么，对方在面对你的夸奖时，也会客气地说：“其实也有你的一份功劳。”其实，我们在与对方进行语言交流的时候，要着眼于事情积极的一面，也许你的同事也是为了把工作做得更好，而并不是故意想把功劳占为己有。如果你觉得这个方法比较适合运用时，就需要及时地采取行动。应该在上司还不知道具体情况下就把属于自己的功劳争取过来，如果等到对方已经把你的想法散布开去，并开始具体实施的时候，那么就会增加一定的难度了。

2.用书面报告报告领导，同时向你同事发短信

面对争功的同事，你完全可以为自己争回那份功劳。为了向上级领

导澄清事情的真相，你可以写一份书面报告递给领导，同时也向与你争功的同事发一封短信。当然，你在写给领导的书面报告中，绝不能有任何的负面影响，你只是把事情的真相原原本本地叙述出来，切忌为了报复对方而杜撰出一些破坏对方形象的事情来。而你在给同事的短信中，也不要让对方有任何不快的情绪。你发短信的目的就是委婉地提醒一下对方，那个想法是自己当初随便提出的，没有想到你却能够灵活地运用，居然得到了领导的重用。你可以在短信的交流中，说清楚一些有关你们之间谈论计划的日期、标题，这样可以更为有效地让对方回忆当时的情况。

如果到最后对方还是没有想起来，或者故意对你支支吾吾，那么你可以建议进行一次面对面的交流。这样可以再有一次机会含蓄地强调一下自己的意思，那就是“那个主意是自己想出来的，功劳自然不会完全属于你”。假如对方真的是把你的功劳忘记了，想把功劳归属于自己，而领导又不了解真相，那么这个方法一定能为你争回功劳起一定作用。

3.以退为进，退出争夺之战

如果你继续与对方争夺下去，无疑会付出大量的精力和时间，而且还会使自己疲惫不堪，甚至还会让你们的上司生气，他会觉得你们是在作无谓之争，希望你们把自己的时间投入到更加实际的工作中。在这样的情况下，你选择退出争夺之战显然是明智之举，也是最佳办法。你就不妨让对方暂时得了这个功劳，等到关键的时刻，再拿出自己的真才实学与对方一较高下，到时候，上司就会知道谁的能力更优秀，而谁又只会抢夺他人的功劳。因为，在任何时候，时间都会为你证明一切的。

小贴士

当我们在遭遇争功的同事，自然会产生一种愤愤不平的情绪，简直就是气急败坏。其实，在这种情况下，任何负面的情绪都解决不了问题，而是应该采用积极的正面应对。

第11章

你要好意思“强势”，重建韧性心理

生活中，不好意思的人内心是怯弱的：不好意思拒绝别人，所以自己受委屈；不好意思争取属于自己的东西，所以总是被欺负；不好意思展现自己，所以总是被排挤。对于这样的情况，你要好意思强势，重建韧性心理。

谨言慎行，别给他人机会

在我们现实生活中，稍有不慎就会遭到小人的陷害，而小人最擅长的招数之一就是抓住你的把柄，以此来在领导面前告你的黑状，或者在领导面前打你的小报告，或者以此来要挟你，甚至最后出现我们难以挽回的局面。那么，如何能够有效避免出现这样的情况呢？其实，最好的办法并不是我们如何制止小人的行为，因为小人的行为并不在我们的限制范围之类，我们需要做的是根本不给小人抓住把柄的机会，那就是我们自己要行得端坐得正。

在日常生活中，我们不难发现很多生活用品、用具都有把柄，这是为了在我们使用时提供方便。但是，在实际生活中，我们并不希望在自己的言行举止上留下任何可以让别人抓住的把柄，特别是被小人发现了，那把柄就意味着灾难的源头。

1.谨言慎行

提防小人的陷害，就需要我们洁身自好，注意自己的一言一行，一举一动。千万不要在背后说别人的坏话，或者到处讨论公司的绯闻，也千万不要在工作上有谋私利、受贿这样的行为。你在行为语言上毫无漏洞，毫无把柄可抓，即使小人去告黑状也好，打小报告也好，都不可能陷害到你。因为他们想陷害你，就需要想方设法在你身上寻找污点，而你本身就是清白的，毫无污迹可寻，这样小人自然是拿你没有办法的。

2.在身边建立强大的信任度

我们不仅仅是需要谨言慎行，还需要与周围的人建立起一种强大的信任关心。这就需要我们在平时生活中处理好自己的人际关系：对上司，不仅仅是依靠几句好话就能取得他的信任，而是需要拿出自己的工作业绩来博得上司的欣赏；对同事，需要付出真诚，坦诚相待，千万不要当面一套，背后一套；对下属，要尽可能多地给予他们关怀与鼓励，赢得他们的尊亘与信赖。当你身边的人都对你充满绝对的信任时，他们是不会轻易被小人的谗言所迷惑的，他们站在你这边，而对小人的话报以沉默。

3.不如自己说出来

有的时候，即便是自己真的有什么把柄被小人抓住了，与其整日提心吕胆，还不如自己坦诚说出来。因为如果是通过小人来揭发你的恶劣行为，那样只会把事情越弄越糟，而自己到时候跳进黄河也洗不清了；不妨在小人告发之前，自己主动向领导讲明情况，检讨自己所犯下的错误，这样容易得到领导的谅解，减轻行为的恶劣程度。等到小人再去打小报告时，领导只会充耳不闻，反而对小人的行为有所厌烦。

4.及时消除把柄，给对方有力的一击

其实，即便是你做得再好，每个人还是免不了有大小不一的把柄。你的趣味、喜好都可以是小人用来打开你欲望之门的钥匙，只要是拿你最喜爱的东西来诱惑你，拿你最忌讳的东西来打击你，你就免不了会上当，授人于把柄。到时候，你的绯闻、受贿、罪行等隐私就可以使你受制于人。而在这极为关键的时刻，你要学会及时消除在小人手里的把柄，给对方有力的回击。

小贴士

因此，我们必须在平时就做好自己的分内工作，办事光明磊落，坚持原则，胸襟坦荡，正直无私，并在领导与同事面前建立很强的信任度。这样一来，即便是小人想通过各种手段来毁灭你的形象，那也会被无情的事实所粉碎。

防人之心不可无

俗话说：“防人之心不可无。”尤其是在面对小人的时候，更不能掉以轻心，以防掉进对方早已挖好的陷阱。这就需要我们在平时生活中，盯紧小人的一举一动，通过对方的言行举止来透析其真实意图，以此来使自己不受任何伤害。因为小人的手段是极其隐秘的，也是极其卑鄙的，他们在任何时候都不会轻易放弃陷害他人的机会。如果小人在你面前表现出异常的举动，那么你一定要严加小心了，多一点防备，多一点准备，才能够有力地瓦解小人的卑鄙行为，否则就会使自己付出惨重的代价。

一般而言，小人都有这样一些行为举止：他们善于当面说一套，背后做一套，当着你的面说得挺好听的，可是背着你却做着见不得人的勾当；他们是心计多端善于见风使舵的人，当着你的面答应你，可背后却把你的话一字不漏地传达给你的竞争对手；他们见不得你好，看到你即将职位高升了，就想方设法使计策来拖你的后退；他们还善于使用糖衣炮弹，经常在你面前甜言蜜语地攻势，给你一些小恩小惠的甜头，却隐隐含着对你的算计。因此，面对那些善于变脸的小人不可交，但不可不识，只有识破小人内心隐藏的阴谋，才能够防患于未然。

面对居心叵测的小人，我们不得不防，尤其是他偶尔表现出来的小动作。比如，他突然之间对你很亲近，并且经常说些好话；通过其他人来打探你的行踪，你的平时情况；平时与你关系都极为和谐，在你即将晋升的时候却忽然冷淡了起来。这些都是小人表现出来的异常行为，我们要学会观察对方的这些小动作，以此来推断他下一步将要做什么。

1.亲近攻势，必另有所图

有时候，我们在平时都与对方保持一定的距离，把关系始终维持在不亲不疏的一种状态。可是，突然之间他开始对你很亲近了，经常当面夸奖你，对你说一些恭维话，企图与你保持一种亲近的关系。这时候，你就要有所防备了，对方想给你造成一种亲近感，肯定是试图在你身上获取一些东西，有可能关于你自己的一些情况，也有可能是想通过你打探别人的隐私。对小人这样的行为，我们不得不防，对他的亲近行为要保持警惕，也不要给对方透露任何有价值的信息。

2.暗暗关注你的行踪

我们在工作的时候，有时候你会意外得知，某位同事经常悄悄地向你身边的人打探你的行踪。只要他们在办公室看不见你的人影，就会向坐在你身边的人或是与你关系密切的人询问：“他又不在办公室啊？你知道他上哪去了吗？我找他有点事。”即使他稍微用了借口，但是经常这样问，也会使身边的人觉得不大对劲。面对小人这样的小动作，他经常暗中关注你的行踪，是企图通过你的行踪来抓住你的把柄。你不妨故意把你的行踪泄露给对方，模糊他的想法，到时候他就没有办法来陷害你了。

小贴士

其实，小人的小动作远不止这些，他们还有很多我们看不见的小动作。因此，为了保护自己不受小人的陷害，最好的办法就是与他们保持一定的距离，既不过分亲密，也不故意疏远。关注他们的言行举止，如果出现异常的行为，你就要保持警惕，以免掉进对方的陷阱。

善于利用小人的欲望

一般而言，小人都是唯利是图的人，他们之所以会做出很多恶劣的行为，干出很多伤天害理的事情，其实都是内心的欲望在作祟。小人将利益视为人生的唯一目标，常常会为了达到自己的目的而不择手段。欲望就如同埋藏在他们心里的一个魔鬼，贪得无厌，永远无法满足。事实上，他们的行为动机就是为了满足自己的欲望，为了满足自己的私欲。因此，我们在与小人相处的时候，要想有效地控制对方，不妨巧妙地利用他的欲望。

贪婪是人的欲望的一种直接体现，是欲壑难平的心理扭曲，贪婪的小人永远不知道满足于什么？对于小人而言，他们习惯把生活当作猎奇的竞技场，在光环的包裹下，干着见不得人的勾当；依仗着权势到处干违法乱纪的事情，敲诈勒索，贪污舞弊，无所不干；他们表面披着文化的外衣，却藏着一颗龌龊的私心。

1.抓住其心理需求

小人也有自己的心理需求，他们做任何事情都有一定的心理动机。他们有可能是喜欢听到你的恭维话，希望得到他人的认同；他们有可能有种畏惧心理，害怕被人抓住小辫子。总而言之，我们在应对他们的时候，就需要遵循其心理需求，有效地抓住对方致命的弱点，巧妙地加以利用，就能控制住对方的行为了。

俗话说：“抓刀要抓刀柄，制人要拿把柄。”一旦发现小人的弱点所在，就要针对其心理需求，利用其弱点有效地掌控其心。

2.满足其权势欲望

在职场，小人的所作所为的目的就是谋得一权半职，企图自己也能在职场中得到发展。这时候，你不妨满足其权势的欲望，使其将注意力转移到工作上来，这样他就没有多余的心思去陷害他人了。

小唐才来公司没多久，就凭着自己的工作踏实、态度认真赢得了业务部章经理的信任。章经理十分看重他做事的能力，还准备向总经理举荐他作为自己的得力助手。可是，就在这期间发生了一件意外的事情。

有一次，公司集体聚会，章经理因为家里有事没有参加，其余的同事都去了。就在当天晚上，章经理从自己一个亲信那里得知，小唐在聚会上喝了不少酒，之后居然当着大家的面，在总经理面前说一些谗言，还希望总经理能够辞退章经理，自己来坐这个位置。章经理得知情况后，没有想到小唐竟是这样的人。

第二天早上上班，章经理并没有动声色，假装自己不知道情况。在早会上，章经理当即在取得总经理的同意之下，宣布了对小唐作为自己助理的任命。当小唐听说自己被提升为经理助理时，不禁十分诧异，再想想昨天晚上的言行，不禁有些羞愧。

自此之后，小唐再也没有在谁面前说过章经理的不是，而是全身心地投入到工作中去，协助章经理做好业务部的工作事宜。

面对小唐对自己的弹劾，章经理并没有采取任何报复性的措施，反而将计就计马上为小唐升职，满足其权势的欲望，转移其注意力，进而把所有精力都投入工作中来。

小贴士

在纷杂的交际场所里，他们一副小人得志的嘴脸，唯恐天下不乱。这样一群贪得无厌的小人，都是由于内心欲望的牵引。小人有各种不同的心理欲望，而我们为了控制他们就不得不遵循其心理欲望，进而有效地控制对方。

当心那些无事献殷勤的人

生活中，一些朋友喜欢使用“糖衣炮弹”的伎俩，他们在平时对你恭维有加，有什么好处都会分你一羹，还会经常给你一点小恩小惠，让你尝到甜头。从表面上看，我们似乎是遇到了一位慷慨大方、乐于助人的朋友。但是，如果你仔细观察对方，你就会发现这不过是他亲近你的一种手段，一种伎俩。假如你真的遇到什么极其困难的事情，他一定会躲得远远的，唯恐殃及于他。

而且，他还很有可能当着你的面，与你关系要好，但是背着你，却开始说你的坏话，在上司面前说你的缺点，在同事面前讨论你的是非。而当你意识到对方的真实面目的时候，已经为时已晚。所以，我们在与人交往时要谨防朋友们的"糖衣炮弹"，因为很可能甜头之后就是无限的灾难和痛苦。

小万和小唐都是即将毕业的大学生，她们一起进公司，一起参加公司的培训，所以当她们正式成为员工的时候，已经是一对形影不离的好朋友了。

进公司第一个月，两人都在同一起跑线上，所以无论是上班下班，两人都一起，遇到工作上的难题，也会一起商量着解决。可是，当第二个月来的时候，小万的工作业绩就直线上升，这与她平时的勤奋努力分不开的。而小唐虽然天资聪慧，但是她经常在下班之余就外出与男朋友约会，所以即使在上班的时候竭尽全力，也只显得业绩平平。小唐看着越来越受主管重视的小万，心里就不是滋味，但表面上还是对小万十分殷勤，经常为她带夜宵回来，还送给她一些小礼物。

有一次，公司来了一个大客户，老板就把写企划案的活交给小万和小唐，并且表示谁的企划案受到欢迎就马上晋升谁为助理。这无疑是把一对好朋友拉到了竞争对手的位置，小万全身心地投入到撰写企划案的工作中，而小唐却因为心里愤愤不平，一直没有心思工作。但是，她却对废寝忘食工作的小万照顾得很好，几乎包揽了家里所有的家务活，还每天给小万准备好吃的。小万相当感动，有时候也与小唐一起讨论企划案的相关事宜。

终于到交企划案的日子了，出乎意料的是小唐居然先交上自己的企划案。等到小万把自己的企划案交给主管，主管叫住了小万：“小万，我看了你的企划案，写得不错，但是我不明白的一点是你的企划案构思与小唐的一模一样。本来我挺看好你的实力的，可不知道你为什么出现这样违背原则性的错误呢？”小万立即惊呆了，却又不知道怎么解释，想到与自己每天相处的小唐，她的心开始凉了。

小唐正是通过平时给小万很多好处，经常给一些小恩小惠，结果迷惑了小万，而自己则窃取了小万辛辛苦苦构思的企划案。其实，在我们工作中，也不乏这样的人存在，他们总是表面上让你尝一些小甜头，但背地里却做出一些对你不利的事情。

通常来说，那些朋友都把自己隐藏得很深，他们表面上看起来像好人，但是实际心中却是另有所图。那么，如何来谨防那些虚伪朋友的“糖衣炮弹”呢？

1.克制自己的贪欲

其实，这个世界上最无法满足的就是人们的欲望。特别是那些不用自己付出什么就能得到好处的事情，这绝对是每一个人都无法抗拒的。而对方正是了解人们的这一心理，所以他们会在不涉及太多金钱财物的情况下，给你一些小甜头，而这时候绝大多数的人都不可能拒绝。当你那种喜欢贪人家小便宜的欲望得到了满足，其实也就是朋友开始计策的开始。所以，为了谨防朋友的“甜头”之后带来的灾难，你就必须要克制自己的贪欲。你一定要明白，这个世界并不存在着所谓的“天上掉馅饼的事情”，也不要企望有人会给你什么好处。只有自己心中无贪念，就不会上朋友的当，也就能够使朋友对你无可奈何。

2.学会拒绝一些好处

除了克制住自己的贪念，还要学会拒绝。有的朋友善于使用“糖衣炮弹”的计策，即便是你已经明确地进行婉拒了，但是对方依然会“锲而不舍”地对你更加地“友好”。这就犹如男人在对自己心仪的女人不断地纠缠一样，所以，你在面对朋友连连不断的“糖衣炮弹”的袭击，就更应该做出直接的拒绝。当然，拒绝也是需要讲究技巧的，既不要伤了双方的和气，又能让人觉得你的理由是恰当的。比如，对方常常在下班之后对你提出一起吃饭的邀请，那么你就可以委婉地说：“实在抱歉，我已经和别人有约了”或者“今天感觉有点累，要不改天我做东，请你吃饭”。这样就会感觉你是真的有事，或者真的累了，他自然也不会强求下去。

3.谨防随之而来的麻烦

有的人显得没有心眼，对于别人的好意不好意思拒绝，就愉快地接受了。那么，即便你接受了对方的恩惠，那你要时刻警惕随之而来的麻烦。如果恰逢是你即将晋升的机会，或者是你有了一个很好的工作构思而对方没有，面对这种关键时刻你要千万避免与他进行过于频繁的交往，也不要把自己的情况过多地暴露给对方，与他保持一定的距离。至于那些他给你的好处，你可以选择置之不理，如果你实在是良心过意不去，那也可以以同样的方式反赠于他。

小贴士

其实，我们在面对那些善于使用“糖衣炮弹”的伎俩的人，最关键的一点就是要克制自己的贪欲。只要你不去占人家的小便宜，对于他人给的小恩小惠也给予拒绝，那么他的“糖衣炮弹”对你就一点儿杀伤力也没有。

如何对付“杀熟”的人

何为“杀熟”？我们经常所说的“杀熟”就是绞尽脑汁、不择手段地专赚、专骗熟人钱物，损熟人而利己。换句话说，就是利用朋友、熟人之间的相互信任，采用不正当手段赚取熟人、朋友的钱财。“杀熟”这样的行为大大地冲击了社会伦理规范底线，动摇并瓦解了人际的信任关系，使社会信任陷入危机。有时候，恰恰是我们身边最亲密的朋友，反倒伤害我们最深。所以，我们在与朋友进行交往中，要善于观察对方的言行举止，小心被爱“杀熟”的朋友宰。

老王是一位退休干部，整日在家里弄一些花花草草，日子都也很清闲。可是，前不久，却偶然听说老王被骗了二十几万，那几乎是老王家里所有的积蓄，这可让老王着急上了火，儿子女儿也都回来了，安慰老王：“钱没了可以再赚，只要你健健康康就好。”

通过儿子女儿们的追问之下才知道事情的来龙去脉，原来年前老王老家的兄弟给老王介绍了一个朋友，说那位朋友是在一个投资公司上班，如果能够借一笔钱给他投资，他一定会连本带利地归还，并且许诺给老王高于银行的利息。善良单纯的老王凭着对自家兄弟的信任，而对方又是亲戚的朋友，就答应了下来，当即借出了五万。此后，那人又频频增加借贷金额，短短两个月就从老王那里借走了二十万，这时候老王才发现了事情的不对劲，赶忙报警了。

可是，由于借款人为老王出具了正规的借条，并且他所提供的身份证明也是真实的，所以在法律上并不构成诈骗。后来，老王的儿女们辗转了好几个地方分别报案，直到后来借款人另外的债主把他告上了法庭，那个因赌博把巨款挥霍一空的人才被绳之以法。但又有什么用呢？他赌博把所有财产都搭进去了，老王的钱是要不回来了。老王闻讯钱都要不回来的时候，伤心得昏了过去。

据统计，所有的犯罪案例中60%是“杀熟”，也就是熟人所为。在现实生活中，绝大多数人都会对自己身边的熟人、朋友过分地相信。其实，“杀熟”之所以能够轻而易举地得手，除了对方的无耻之外，受害人过于相信熟人也是一个重要的因素。有的人在反复上当之后依然执迷不悟，更可悲的是，有的人自己被人骗了，还对其感激不尽，可以说完全是“自己被卖了还帮着别人数钱”的愚蠢行为。面对与我们有着亲密关系的朋友，我们更应该清楚地了解对方的为人处事，以免自己不小心上当受骗。

喜欢交朋友的张女士最近频频诉苦：“以前的一个朋友突然找我，向我推销保险，我不想买，但碍于情面又不好拒绝，实在有点烦。”像张女士一样遇到熟人推销保险的情况确实很多，因为很多保险业务员都是从熟人开始做起的。

1.该说的话就要说

如果你对某位朋友有所怀疑，千万不要因为怕破坏彼此的关系而闭口不言。一旦对方的言行举止中有你所怀疑的一部分，不管你们之间的关系有多密切，都要直言不讳地讲出自己的担心。如果你的朋友真有欺骗你的嫌疑，你这样说出来，就会对他有一定的震慑作用，让他明白你不是好骗的，让他趁早打消这个念头。

2.反复提醒对方

有时候，对方是想通过向你借大笔钱财而想办法逃避，这时候，你就不要怕啰唆，对他进行反复提醒。当然，如果朋友真的是有难处，并且给你说了具体的还钱日期，那就不用自己去反复提醒对方还钱。对于那种不怎么信守承诺，并且一次一次拖延还钱日期的人，你就要时时提醒对方，不要因为自己难以启齿而最终当了“冤大头”。

3.必要的时候，撕破脸皮

有的朋友想方设法欺骗你，当你有所警觉不会上当的时候，对方还是不放弃，油腔滑调地反复说服你“你真不够意思，这点小忙都不帮”，或者“你真是忘恩负义，亏我拿你当朋友”。那么，这样的人根本就不值得你继续交往下去，不如撕破脸皮反而更有利于使自己摆脱困境。

4.说家里凡事要商量，等商量好再回话

你可以让推销保险的朋友把话说完，这是他们的工作，尊重他们，给他们一个推销保险的机会。然后你说：“我是觉得很不错，不过我还是要回去问一下我老公，保险都是他在管，我必须经过他的同意。”假如朋友过了几天，不死心地追问，你可以直接婉拒说：“我老公觉得这个保险很好，但是我们目前不需要。”

5.直接说暂时不考虑，有其他投资打算

中国人毕竟讲究“情”面，所以当亲朋好友说：“拜托，就差你这单业务了，假如没有做到就没办法达成业绩。”很多人都会因此招架不住，这时你可以直截了当地说：“暂时不考虑，有投资打算，自己正想向朋友借点钱做投资呢。”

小贴士

“杀熟”之所以能够得逞，根本上利用的就是熟人、朋友之间的一种信任关系。因此，在很多时候，我们并不能因为对朋友的信任，就相信他所说的一切，并愿意为其提供帮助。其实，正因为对朋友有所信任，所以你更应该清楚地判断事情的性质，要小心提防那些“杀熟”的朋友。

远离身边虚伪的人

在我们身边有着很多虚伪的同事，他们常常表面对你表示出友好的态度，但是背后却说我们的坏话，或者使计策陷害我们。当我们与这样的人进行相处的时候，一定要格外小心，以免被他蒙骗了。当然，在我们的工作中，什么样的人都能遇到，但只要伤害到自己的利益，那么与其相处还是可以的，因为毕竟每个人除了缺点还有优点。但是，如果有可能，还是尽量少与那些虚伪的同事打交道。

小丁是一家公司的普通职员，这些天她心情很不好，因为自己的主管是一位喜欢对下属指手画脚的人，他希望所有的事情都要按照自己的方法进行。这让小丁感觉自己就是一个牵线木偶，直接被人操纵。

当时，小丁与主管的秘书关系还算不错，有一次吃饭两人聊得不错。小丁就以为遇到了知音，把自己所有的苦闷一股脑儿说给对方。她还心存幻想，希望主管的秘书能把自己的苦恼反馈给主管。

结果第二天，也不知道主管的秘书转述了些什么，当主管见到小丁的时候，脸色更难看，嗓门也更大了。小丁想着自己还把那秘书当作知心朋友，原来她是一个虚伪的人，她既愤怒又后悔。

虚伪的同事一般都戴着面具与你交往，他不会在你面前暴露真实的自己。所以，在更多时候是需要我们做好自己的工作，而需要小心提防对方就可以了。假如对方是一个虚伪的人，你需要做好的就是自己，与他保持一种有距离的关系，你也没有必要揭开对方虚伪的面具。因为你们毕竟只是一种利益上的同事关系，而且为了工作还得继续协作下去，就没有必要去追究对方虚伪的目的，只要没有伤害到自己的个人利益，自己完全可以保持一种平和的心态。

1.不要和他们说真心话

面对虚伪的同事，千万不要说出你们的真心话，或者是向对方吐露一些你的秘密、隐私。因为那些虚伪的人通常都是戴着面具，他们可能在赢得你的好感之后，获取你的秘密、隐私，把那些作为他在其他同事面前的谈资。因此，对待那些虚伪的同事，只需要随便寒暄几句即可，而不需要把对方当作真心朋友那样无话不谈。

2.不要在他面前抱怨其他的同事

当你们在聊天时，千万不要因为自己内心情绪比较坏就在他面前抱怨其他的同事。如果他知道了你对某位同事有不满的情绪，他就会有所行动。他们有可能会把你所抱怨的那些再添油加醋地告诉对方，使你们之间的关系更加地恶劣；他们也有可能在公司同事面前，假意站在你这边，“帮着”你说那位同事的不是，并且还会把你对同事的抱怨说出来，到时候，不仅仅是那位同事，也使你自己陷入了尴尬的窘境。

3.保持自己的风格，不要过于迁就他

有时候，虚伪的同事会对你进行甜言蜜语的进攻，并且请求你帮助什么，这时候，你一定要保持自己的做事风格，不能害怕得罪他而就迁就他。当然，直接拒绝他，这样得罪一个虚伪的同事也不是一件好事，但是一味地迁就更不是上策，这会使对方感觉找到了你的软肋。最佳的办法，就是进行巧妙的拒绝，既不伤彼此的和气，也使对方明白你真的是有难处，进而理解你。

4.谨言慎行，做好自己的本职工作

那些虚伪的人都善于观察身边的人，洞察他人的心思，所以，你在交往中千万不要小看了他们的能力。而自己更要谨言慎行，做好自己的本职工作，千万不要企图做一些小动作，这样只会让他们抓住你的把柄，揪住你的小辫子。俗话说：“身正不怕影子斜。”只要你的言行举止没有丝毫的漏洞，他就拿你没辙。

5.与他们沟通要有防备之心

俗话说：“防人之心不可无。”而特别是面对那些虚伪的人，需要自己有一定的提防心理。无论是说话做事都要果断，自己的事情自己做主，对方给你建议或者答案只能作为参考，要按照自己的想法作出决定。有时候，如果你轻易地相信了别人所说的话，就有可能中了他的圈套，把自己推进一个困难的境地。

小贴士

总而言之，在与那些虚伪的人打交道时一定要小心，以防自己上当受骗。其实，从某种角度上说，和虚伪的人一起共事并不是一件坏事。因为你可以从他们身上学到很多，比如善于观察，善于总结，善于洞察人心，与那些虚伪的人相处可以让我们变得更加老练。有的同事值得你真诚地对他，有的只是一般同事或是只能算个表面朋友，所以虚伪只是给那些需要对其虚伪的人而作，真心朋友面前不需要。

对职场性骚扰说“NO”

在工作中，尤其是年轻貌美的女下属，很容易受到领导的骚扰，这时作为下属该如何巧妙应对呢?

现代社会，越来越多的白领女性表示自己曾受到领导的“性骚扰”，尽管这样的场景令人难堪，但作为女性来说，礼貌地拒绝才是上上策。当然，对于一些性格比较好强的女人，她将这件事闹得沸沸扬扬，弄得尽人皆知，否则下场就是辞职走人。对于前者，这样的方式是极不妥当的，虽然你向更多的人宣扬了领导的“恶习”，但与此同时你也将自己的名誉卷入其中。至于“辞职”这样的方式，除非领导的骚扰真的到了很严重的地步，这个方式是不值得采纳的。但还有一种更聪明的女性，那就是礼貌而有分寸地拒绝，让领导再也“不敢”轻易地骚扰自己。

1.平时保持对领导的尊敬和礼貌

在平时的工作中，女下属需要保持对领导的尊敬和礼貌，毕竟他是领导，即便是一个普通的同事，你也需要保持正常的礼貌。当然，这种尊敬和礼貌需要把握火候和度，不要让领导误会你在向他“暗送秋波”，或者有什么格外的意思。

2.礼貌拒绝领导工作以外的邀请

除了工作以外的时间里，对于领导的一些格外的邀请，要学会礼貌地拒绝，尽量避免与领导单独出去吃饭，包括和领导一起出去陪客人，如在酒桌应酬，有的不怀好意的领导会借着有客户在，你不好意思拒酒，就会让你频频举杯，一旦你真的喝醉了，那后面的事情就不好把握了。因此，作为女下属，需要尽量避免这样的事情和场合，面对领导的骚扰，不要顶撞地回绝，而是要礼貌地拒绝，维护领导的面子。

3.面对骚扰要态度明确

面对骚扰，我们应该首先态度明确，心平气和又巧妙地表达出自己拒绝骚扰的态度，不伤和气，又能让领导知难而退，骚扰到此为止，化解职场上的尴尬。实际上，对于女下属来说，当遭遇不怀好意的领导骚扰时，明确态度很重要，否则，领导会误以为你并不拒绝骚扰，他的行为就会更加大胆。还可以与领导的太太成为朋友，当领导意图对自己图谋不轨的时候，借故说：“您太太……”这样一来，即便领导吃了雄心豹子胆，也不敢轻举妄动了。

小贴士

作为女下属，面对领导的骚扰确实需要谨慎小心一点，既不能让他丢了面子下不了台阶，又不能让自己吃亏，毕竟大家都是在一个环境里工

参考文献

[1]周维丽.别让不好意思害了你[M].北京：北京理工大学出版社，2012.

[2]刘瑞军.别让不好意思害你一生[M].北京：中国电影出版社，2017.

[3]潘惊涛.别让不好意思毁了你[M].北京：新世界出版社，2016.

[4]王阔.别让不好意思害了你[M].长春：吉林出版社，2016.

[5]陈元方.你为什么“不好意思”[M].北京：中国纺织出版社，2016.